GEORG FRANZ X. SCHWAGER

Bischof Wittmann – Helfer der Bedrängten

1218

D1996471

GEORG FRANZ X. SCHWAGER

Bischof Wittmann – Helfer der Bedrängten

Er war ein Erzieher der Priester, ein Freund der Kinder.

Kurzbiographie • Novene/Gebete • Gedanken

Anhang: Trauerrede
von Domkapitular
Melchior Diepenbrock
(1833)

VERLAG ABTEILUNG FÜR
SELIG- UND HEILIGSPRECHUNGSPROZESSE
FÜR DAS BISTUM REGENSBURG

S. Exzellenz,
dem hochwürdigsten Herrn Bischof
MANFRED MÜLLER,
in Dankbarkeit gewidmet.

Mit kirchlicher Druckerlaubnis
Dr. W. Gegenfurtner, Generalvikar
Regensburg, 1.10.2001/AZ 1/2250/01

1. Auflage 2001
ISBN 3-9803993-4-6
Verlag Abteilung für Selig- und Heiligsprechungsprozesse
für das Bistum Regensburg
Schwarze-Bären-Straße 2, D-93047 Regensburg/Bayern
Satz, Layout: Visuelle Medientechnik GmbH, Regensburg
Herstellung: Erhardi Druck GmbH, Regensburg
Nachdruck des Textes nur mit genauer Angabe der Quelle erlaubt.
Bildwiedergabe nur mit ausdrücklicher Genehmigung des Herausgebers gestattet.

Inhaltsverzeichnis

Seite

Zum Geleit 9

Vorwort 13

I. Kurzbiographie 19

II. Novene um Fürsprache des Dieners Gottes Bischof Georg Michael Wittmann
(Neun-Tage-Andacht) 30

1. Tag: Beten 30
2. Tag: Dienen 34
3. Tag: Büßen 38
4. Tag: Lieben 42
5. Tag: Schweigen 46
6. Tag: Hören 50
7. Tag: Führen 56
8. Tag: Vereinen 60
9. Tag: Vollenden 64

Tägliches Gebet um Seligsprechung des Dieners Gottes 72

III. Gebete – Gedanken 74

a) Gebete 74

Für den Bischof 74
Für die Priester 74

Seite
Um neue und heilige Priesterberufungen .. 75
Zu Maria, der Mutter der Priester 77

b) Gedanken des Dieners Gottes
Bischof G. M. Wittmann 79

Unerschütterliches Gottvertrauen 79
Vom geduldigen Ertragen der Leiden 80
Über das Gebet 81
Über das Schulgebet 81
Über die Tugend der Hoffnung 82
Über die Liebe 85
Über das Lesen und Betrachten der
Heiligen Schrift 86
Verehrung der heiligen Engel 92
Über das christliche Sterben 93
Was wir von Gott erwarten dürfen 94
Allgemeine Aussprüche 96

IV. Kirchliche Verlautbarungen über das katholische Priestertum 103

Das Ziel des priesterlichen Dienstes 103
Die Berufung der Priester zur
Vollkommenheit 104
Wer ist der Priester? 105
Priesterliche Vollmacht 105
Die Mitte des priesterlichen Lebens 107

Seite

V. Anhang 108

Wirken und Persönlichkeit Bischof Wittmanns nach den Worten einiger Zeitgenossen 108

„Er ging vorüber, Wohltaten spendend" – Trauerrede auf G. M. Wittmann von Melchior Diepenbrock 110

Lebensdaten von Bischof Georg Michael Wittmann (1760-1833) 134

Von der wahren Verehrung der Heiligen . . 136

Literatur- und Quellenverzeichnis 138

Neuere Literatur über den Diener Gottes Bischof Georg Michael Wittmann 140

Zum Geleit

Die kirchliche Situation in Altbayern um die Mitte des 19. Jahrhunderts ist in ihrer Brisanz und Komplexität in vielen Darstellungen treffend geschildert worden. Signifikant zeigt sich die damalige Herausforderung bei den Bischöfen jener Zeit, die nach den einschneidenden Ereignissen der Säkularisation von Historikern zu Recht als „neue Hirten" beurteilt werden – bewusst so gesetzt gegenüber der fürstbischöflichen Tradition der alten Reichskirche. Das Instrumentum laboris für die X. Ordentliche Vollversammlung der Bischofssynode im Oktober 2001 bestimmt den Bischofsdienst interessanterweise ebenfalls unter diesem Gesichtspunkt: „Im Licht des Dienstes als gute Hirten ist die Vollmacht zu verstehen, die der Bischof besitzt ... Deshalb und aus gutem Grunde bezeichnet der Codex des kanonischen Rechts diesen Dienst als munus pastoris und verbindet mit ihm die Eigenschaft der Hirtensorge."

Ein Regensburger Bischof, als „neuer Hirte" treffend charakterisiert, ist Bischof Georg Michael Wittmann. Durch sein Priester- und Bischofsleben, durch seine Frömmigkeit und seine soziale Dimension prägte er Bistum, Priester und das gläubige Volk. In seiner eher „stillen" Art beeinflusste er die Diözese „nachhaltig". Priesterliches Leben, so verdeutlichte dieser begnadete Priestererzieher seinen ihm anvertrauten Studenten, charakterisiert sich im Unterwegssein, wobei sich der Priester immer als Knecht Gottes und der Menschen verstehen muss. Auch hier findet sich eine aktuelle und unmittelbare Anbindung an das Arbeitspapier für die Bischofssynode, wo es heißt: „Die Tradition der Kirche hat diese Aufgabe (erg. des Leitungsdienstes) immer mit zwei Figuren verglichen, die Jesus nach dem Zeugnis der Evangelien auf sich selbst anwendet: dem Hirten und dem Knecht."

Das vorliegende Buch „Bischof Wittmann – Helfer der Bedrängten" ist eine hervorragende Möglichkeit, sich in einer Kurzbiographie und im Gebet auf diesen großen Regenburger Bischof einzulassen. Die Edition der bemerkenswerten Predigt, die Domkapitular Melchior Diepenbrock, der spätere Fürstbischof von Breslau, dem verstorbenen Bischof im Dom zu Regensburg gehalten hat, in der das Mit- und Nebeneinander Sailers und Wittmanns feinsinnig aufgezeigt ist, gibt dem Buch eine zusätzliche historische Note.

Mein Dank gilt Domvikar Georg Franz X. Schwager und seinen Mitarbeiterinnen und Mitarbeitern in der Abteilung für die Herausgabe dieses Buches und die damit verbundene Sorge um das Gedenken dieses heiligmäßigen Bischofs und Hirten im Knechtsdienst Jesu Christi.

Regensburg, am 17. November 2001, dem 250. Geburtstag von Bischof Johann Michael Sailer

Prälat Dr. Wilhelm Gegenfurtner
Generalvikar

Das Priestertum ist von seinem Ursprung her das Priestertum Christi. Er ist es, der Gott, dem Vater, das Opfer seiner selbst, seines Fleisches und Blutes darbringt und durch sein Opfer in den Augen des Vaters die ganze Menschheit und indirekt die gesamte Schöpfung rechtfertigt. Der Priester, der täglich die Eucharistie feiert, dringt in das Herz dieses Geheimnisses ein. Deshalb muss die Feier der Eucharistie für ihn der wichtigste und heiligste Augenblick des Tages, der Mittelpunkt seines Lebens sein.

(Johannes Paul II.)

Das Gebet bringt den Priester hervor, und der Priester entsteht durch das Gebet. Christus braucht heiligmäßige Priester! Die heutige Welt verlangt heiligmäßige Priester! Nur ein heiligmäßiger Priester kann in einer immer stärker säkularisierten Welt ein transparenter Zeuge Christi und seines Evangeliums sein. Nur so kann der Priester für die Menschen zum geistlichen Führer und Lehrer von Heiligkeit werden. Die Menschen, vor allem die jungen, erwarten eine solche Führung.

(Johannes Paul II.)

Der große Kinderfreund Wittmann verteilt mit eigenen Händen Brot an die Armen. Wandmalerei aus der Pfarrkirche Pleystein/Opf. (Foto: Starzinger)

Vorwort

Mit der Herausgabe dieses Novenenbuches geht für viele Verehrer des im Rufe der Heiligkeit verstorbenen Regensburger Bischofs Georg Michael Wittmann ein lang ersehnter Wunsch in Erfüllung. In der gewohnten und beliebten Andachtsform einer Novene, in welcher der Beter an neun aufeinanderfolgenden Tagen seine Anliegen im Gebet Gott empfiehlt, kann nun auch Bischof Wittmann um sein Fürbittgebet angerufen werden. Mit Glauben und Vertrauen soll dies geschehen. Denn gerade dem vertrauensvollen Gebet ist von Christus Erhörung versprochen (vgl. Mk 11,24). *„Bittet, dann wird euch gegeben; sucht, dann werdet ihr finden; klopft an, dann wird euch geöffnet“* (Mt 7,7-8).

Beim Beten vorliegender Novene wollen wir uns betrachtend in das Leben des heiligmäßigen Bischofs, Seelenführers und Priestererziehers Georg Michael Wittmann vertiefen. Wir wollen aus dieser Betrachtung Kraft, Trost und Stärkung für unseren eigenen Glaubensweg schöpfen und uns dabei bewusst bleiben, dass uns Gottes Vorsehung und Liebe in den Stunden der Prüfung, der Anfechtung und des Leids besonders nahe sind. Das Leben der Heiligen und derer, die es nach dem Urteil unserer geliebten Kirche einmal werden sollen, ist dafür der beste und untrügliche Beweis.

Den allmächtigen Gott durch eine Gebetsnovene um den Beistand seiner Hilfe und Gnade, um die Kraft des Heiligen Geistes zu bitten, ist urkirchliche Praxis und Tradition. Schon die Apostel haben zusammen mit der Gottesmutter Maria nach der Himmelfahrt Christi an neun aufeinander folgenden Tagen intensiv um die „Kraft aus der Höhe“ (Lk 24,49) gebetet und sie am neunten Tag auch wirklich empfangen. Freilich: Unser Gebet wird um so mehr gesegnet sein, je ehrfürchtiger, demütiger und reiner es von unseren Lippen zu Gottes Thron emporsteigt.

Es bleibt daher jedem Beter angeraten, während der Gebetsnovene die heiligen Sakramente der Beichte und des Altares (heilige Kommunion) häufig und andächtig zu empfangen.

Auch die Heiligen hatten Stunden der Prüfung zu bestehen. Sie haben diese angenommen und bestanden in unerschütterlichem Vertrauen zu Gott. Dazu will uns das Leben der Heiligen und heiligmäßiger Personen ermutigen. Sie wollen uns einladen, Kreuz und Leid des Lebens im Wissen um die Liebe Gottes auf uns zu nehmen, ja darin ein Zeichen der Nähe Gottes zu erspüren. Seit Christus das Kreuz auf sich genommen und im Willen Gottes, seines Vaters, getragen hat, ist es Zeichen des Heiles und der Erlösung geworden. Bischof Georg Michael Wittmann wollte unter dem Kreuz sterben, weil er wusste: Es ist das unverkennbare Zeichen Christi und all derer, die zu ihm gehören.

Mein besonderer Dank gilt an dieser Stelle dem Generalvikar der Diözese, Hwst. Herrn Prälat Dr. Wilhelm Gegenfurtner, für die Erteilung der kirchlichen Druckerlaubnis und sein würdigendes Geleitwort. Dank auch meinem verehrten Vorgänger im Amt der Leitung der Abteilung für Selig- und Heiligsprechungsprozesse, Hwst. Herrn Prälat BGR Emmeram H. Ritter, für seine gründlichen Studien die Causa Bischof Wittmanns betreffend. Seine Abhandlungen finden Sie im Literaturverzeichnis angegeben. Sie mögen einladen zu einer vertieften Beschäftigung mit Leben und Wirken des großen Bischofs und Dieners Gottes. Dank auch dem 1971 verstorbenen, langjährigen Wittmannforscher, Bischöfl. Archivdirektor und Ehrendomherrn, Domvikar Msgr. BGR Johann B. Lehner. Durch seine unermüdlichen Forschungen und wertvollen Zeugenaussagen hat er sich in unschätzbarer Weise für die Causa Bischof Wittmanns verdient gemacht. Ein aufrichtiges Wort der Anerkennung auch den Mitarbeitern der Firmen Visuelle Medientechnik und Erhardi Druck GmbH Regensburg, vor allem Herrn Horst Wirnitzer, für die gewinnende äußere Gestaltung. Nicht zuletzt ein herzlicher und liebenswerter Dank an meine Schwester, Frau Marianne Cäcilie Schwager, die trotz ihrer vielfältigen beruflichen Aufgaben entscheidend zur Entstehung dieses Wittmann-Novenenbuches beigetragen hat.

Mögen alle, die sich in das Leben, in das Wirken und in die Gedanken Bischof Georg Michael Wittmanns vertiefen, die Würde und Schönheit des katholischen

Priestertums erfassen; mögen alle Freunde und Verehrer Bischof Wittmanns, alle Beter, die sich in Angst, Not und Sorgen an diesen großen Freund und Helfer der Menschen wenden, die erlösende Kraft und den Segen des Kreuzes Christi erfahren; möge ihnen die helfende Fürsprache des Dieners Gottes nahe sein und bleiben.

Regensburg, am Fest Mariä Geburt
8. September 2001

Georg Franz X. Schwager
Domvikar

Leiter der Abteilung
für Selig- und Heiligsprechungsprozesse
beim Bischöflichen Konsistorium
für das Bistum Regensburg

Maria, Mutter Christi und Mutter der Priester, bitte für uns!

Marienbildnis, vor dem Wittmann – wie man sagt – gerne betete. Heute befindet es sich im Konvent der Armen Schulschwestern von Regensburg/Stadtamhof. (Foto: Rappl)

„Ich werde zu Maria fliehen, die mich niemals verlassen hat." (Bischof Wittmann)

Porträt Bischof Wittmanns (1760-1833). *(Bildarchiv)*

I. Kurzbiographie

Der Diener Gottes

Georg Michael Wittmann

(1760 – 1833)

Georg Michael Wittmann wurde am 22. Januar 1760 in Finkenhammer bei Pleystein (Oberpfalz) als Sohn eines Hammermeisters geboren. Nach Studien in Amberg und Heidelberg, welche er mit dem Doktorgrad abschloss, empfing er am 21. Dezember 1782 in Regensburg die Priesterweihe. Als junger Priester wirkte er in der Landseelsorge, bis er 1788 als Subregens ins bischöfliche Priesterseminar nach Regensburg berufen wurde, um sich der Ausbildung der angehenden Priester zu widmen. 1802 zum Regens ernannt, behielt er dieses verantwortungsvolle Amt bis zu seinem Tode und begleitete so etwa 1500 Priester zum Weihealtar. Gegenüber dem damals weit verbreiteten Geist der Aufklärung und des Liberalismus trat Wittmann für eine treukirchliche Gesinnung seiner künftigen Priester ein. Dem galt sein ganzes Bemühen, sein Opfern und Leiden über 30 Jahre seines Lebens hinweg. Sein innigstes Anliegen war, dem katholischen Priestertum zu dienen in seiner hohen Verantwortung vor Gott und der Kirche. Deshalb gilt Bischof Wittmann bis heute als großer Förderer priesterlicher Spiritualität und Vorbild echt priesterlichen Lebens und Wandels. Der Diener Gottes lädt uns ein, für die Heiligung der Priester zu beten und zu opfern.

Die Heimat Bischof Wittmanns: Finkenhammer bei Pleystein (Oberpfalz). Rechts das Geburtshaus. *(Bildarchiv)*

Von 1804-1829 entfaltete Georg M. Wittmann ein überaus segensreiches Wirken als Dompfarrer der Bischofsstadt Regensburg. Wittmann war ein begnadeter Seelsorger. Seine Liebe galt besonders den Armen und Kindern. So wurde er zum geistlichen Vater und Mitbegründer des Ordens der Armen Schulschwestern, deren erste Oberin, die *sel. Maria Theresia Gerhardinger,* Wittmann pädagogisch und asketisch formte. Ein wichtiges Anliegen seiner pastoralen Sorge war die Verbreitung der Heiligen Schrift und die Liebe zum Worte Gottes unter den

Gläubigen[1]. Regens und Dompfarrer Wittmann, der in den orientalischen Sprachen gründliche Kenntnisse besaß, versprach sich dadurch eine Festigung und zugleich Verinnerlichung des Glaubens sowohl im Volk als auch im Klerus. Auf diese Weise griff Georg Michael Wittmann den Forderungen des II. Vatikanischen Konzils weit voraus, welches die Liebe zur Heiligen Schrift in allen Gläubigen zu fördern wünschte, da im Worte Gottes „*Glaubensstärke, Seelenspeise und reiner, unversieglicher Quell des geistlichen Lebens*“[2] zu finden sei.

---

1 Vgl. dazu die ausführliche Abhandlung von Emmeram H. Ritter, Weihbischof Georg Michael Wittmann. Der Diener Gottes im Dienste der Heiligen Schrift und des Bibelapostolats, Regensburg 2000, welche den Diener Gottes einerseits als hervorragenden Exegeten und Bibelkenner, andererseits aber auch seine Verdienste um die Verbreitung des von ihm übersetzten Neuen Testaments unter den Gläubigen seiner Zeit herausstellt. Dabei wird von E. H. Ritter eine bis heute unkritisch übernommene Behauptung, nämlich der Diener Gottes habe eine eigene Bibelgesellschaft gegründet, nach eingehenden Studien der zur Verfügung stehenden Quellen als unrichtig und unbeweisbar zurückgewiesen. Bibelgesellschaften nach protestantischem Vorbild waren von Papst Pius VII. (1800-1823) im Jahre 1816 verboten worden.

2 II. Vatikanisches Konzil, Dogmatische Konstitution über die göttliche Offenbarung „Dei Verbum“, 21.

Pleystein. Hier wurde der Diener Gottes getauft und hier brachte er auch am 6. Januar 1783 sein erstes heiliges Messopfer dar.
(Foto: Starzinger)

Unter Einsatz seines Lebens rettete Wittmann bei der Beschießung Regensburgs am 23. April 1809 Freund und Feind aus den Flammen der brennenden Stadt und spendete den Sterbenden die heiligen Sakramente. Seit 1821 Domkapitular, wurde er 1829 Weihbischof, noch im selben Jahr Dompropst und 1830 Generalvikar. Um das Bistum mit seinem Bischof zu einen und sich über die Seelsorge vor Ort ein Bild zu machen, unternahm Weihbischof Wittmann als Generalvisitator im Auftrag seines Bischofs Johann Nepomuk von Wolf (1821-1829) und dessen Nachfolgers Bischof Johann Michael von Sailer (1829-1832) in den Jahren 1829 bis 1832 im Herbst regelmäßig ausgedehnte Visitationsreisen, deren ausführliche Berichte aus der Hand des Dieners Gottes uns heute noch vorliegen[3]. Sie geben einen aufschlussreichen Einblick in die seelsorgerlichen Verhältnisse der damaligen Zeit und zeugen vom unermüdlichen Einsatz Bischof Wittmanns um das Heil der Seelen, um die gewissenhafte Einhaltung der kirchlichen Disziplin und um treue Verbundenheit mit der Kirche, worin ein Hauptanliegen seiner Seelsorge bestand.

Die Erstürmung Regensburgs am 23. April 1809. Vorne verwundet am Boden sitzend Napoleon. *(Bildarchiv)*

---

3 Vgl. dazu Ritter, Emmeram H.: Weihbischof Georg Michael Wittmann als Generalvisitator für das Bistum Regensburg, Regensburg 1992. Dieses Werk erscheint vor allem deshalb sehr empfehlenswert, weil der interessierte Leser und Heimatforscher hier einen reichen Fundus bisher noch unerschlossener Quellen der Bistums- und Heimatgeschichte findet. Zahlreiche Ortschaften und Pfarreien werden in ihrer seelsorgerlichen Situation zur Zeit Wittmanns ausführlich beschrieben.

Nach dem Tode Bischof Sailers 1832 ernannte König Ludwig I. (1786-1868) Wittmann zum Bischof von Regensburg. Doch ereilte ihn noch vor der päpstlichen Bestätigung der Tod in den frühen Morgenstunden des 8. März 1833. Seine letzten Worten lauteten: *„Ich sterbe unter dem Kreuz"*. Die letzte irdische Ruhestätte fand Bischof Georg Michael Wittmann im Nordschiff des Regensburger Domes. Als man im Jahre 1837 dort dem Diener Gottes ein öffentliches und heute noch sichtbares eindrucksvolles Grabmal errichtete, sprach der damalige Bischof Franz Xaver von Schwäbl (1833-1841) auf Bischof Wittmann die folgenden treffenden Worte: *„Wir haben den gemeinsamen Vater der Armen und Kran-*

Sterbezimmer Bischof Wittmanns im heutigen Diözesanzentrum Obermünster. Hier gab der heiligmäßige Bischof seine Seele dem Schöpfer zurück. Seine Worte: „Ich sterbe unter dem Kreuz".

(Bildarchiv)

ken, den Tröster der Leidenden, den frommen Freund und Helfer in allen Nöten verloren! Wenn daher je der kürzeste Lebensabriss, den der Apostelfürst von unserem Herrn und Meister entwirft, auf einen treuen Jünger Jesu in Wahrheit angewendet

Diözesanzentrum Obermünster/Regensburg. Im ersten Stock dieses Traktes befinden sich das Amts- und Sterbezimmer Bischof Wittmanns. (Bildarchiv)

werden kann, so gilt diese Anwendung auf unseren seligen Bischof Wittmann: ‚Er ist wohltuend und segnend vorübergegangen; denn Gott war mit ihm!' (Apg 10,38)"[4].

---

4 Vgl. Bischöfliches Konsistorium Regensburg, Causa Michael Wittmann, Processus informativus, sessio (in Hinkunft abgekürzt mit BKR, CMW, Proc. inf., sess.) 36, S. 2.

Nicht umsonst ist sein Grab seit seinem Tode stets mit Blumen und brennenden Kerzen geschmückt. Sein Seligsprechungsprozess wurde am 7. März 1955 eingeleitet und ist derzeit in Rom anhängig.

Welche Bedeutung diesem heiligmäßigen Bischof für das Erstarken des kirchlichen Lebens und das Bewahren der katholischen Religion in schweren Zeiten zukam und wie sehr Gott durch ihn, seinen Diener, in der Kirche wirkte, fasst der in Deggendorf am 7. Juli 1882 verstorbene Pfarrer und Historiker Georg Brunner, welcher Bischof Wittmann noch persönlich gekannt hatte, in einem Schreiben vom 28. Dezember 1847 an Domkapitular Weigl zusammen:

„Wittmann, dessen Name vom Volke so gerne ausgesprochen wird – war neben Sailer derjenige Mann, der die Kirche in Bayern glücklich durch das sumpfige Meer des Illuminatismus[5] *hindurchführte und*

---

5 Illuminatismus bedeutet Aufklärung. Als Geisteshaltung findet er seine Wurzeln im 18. und 19. Jahrhundert, doch sind seine Auswirkungen bis in unsere Zeit wahrnehmbar. Seine Anhänger fühlten sich als „Illuminaten“, als von der Vernunft, nicht vom Glauben „Erleuchtete“. Nicht mehr Gott, sondern der Mensch und seine Vernunft stehen im Mittelpunkt. Nur der Mensch gilt den Anhängern der Aufklärung als Ziel und Maßstab des Handelns. Offenbarung, übernatürlicher Glaube, Wallfahrtswesen und tradierte Frömmigkeitsformen werden weitgehend geleugnet oder als nicht mehr zeitgemäß erachtet. Die Aufklärung und ihre Folgen führen zu einer weitgehenden Verflachung des christlichen Lebens und oftmals zu boshafter Kritik an kirchlichen Institutionen bis hin zur offenen Ablehnung des päpstlichen Lehramtes und seiner Verlautbarungen.

namentlich die Sittlichkeit in der Diözese Regensburg, der er 40 Jahre ganz allein gehörte und lebte, rettete. Er stand da wie ein Felsen, an dem alle noch so sehr tobenden Wellen sich gebrochen; ein Mann, würdig der apostolischen Zeit, ein Mann, der seine Zeit verstanden und den erst die Jetztzeit vollkommen verstehen lernt. Wenn sich die Regensburger Diözese schon im Aeußern von benachbarten unter-

Die geschmückte Grabplatte des Dieners Gottes. Täglich finden sich hier fromme Beter ein, um die Fürsprache Bischof Wittmanns zu erbeten. (Foto: Starzinger)

scheidet, so hat sie das nur einem Wittmann zu verdanken, der nicht genug, ungeachtet der Unbilden der Zeit, einen biederen Klerus gebildet zu haben, auch durch seinen Geist der ganzen Diözese etwas aufdrückte, was anderen Diözesen fehlt. Dies zeigt, welche Gnade Gott der Diözese Regensburg dadurch erwiesen, daß er zur gefährlichsten Zeit in Wittmann ihr einen Mann gegeben, oder nicht bloß die Diözese Regensburg in sittlicher Hinsicht rettete, dessen Wirken ganz Deutschland umfaßte und dessen Segen auch jetzt noch in den Armen Schulschwestern fortwirkt. Da Wittmann allen gehörte, wird er auch von allen verstanden."[6]

Diese Charakterisierung soll genügen. Sie sei uns Einladung, den Diener Gottes Bischof Georg Michael Wittmann in tiefer Dankbarkeit zu verehren und ihn, den Erzieher der Priester, den Freund der Kinder und Helfer der Bedrängten in allen persönlichen Anliegen, aber auch in den Sorgen der Kirche vertrauend und beharrlich um seine Fürsprache bei Gott anzurufen.

---

6 Vgl. dazu Ritter, Emmeram H.: Wittmann als Generalvisitator, S. 152 f.

Christi Macht ist ein lauteres Dulden.

Das Schilfrohr beugt sich und duldet;
der Wind entwurzelt Bäume,
die Wasserströme dringen herein und reißen
alles mit sich fort;

das Schilfrohr beugt sich, wie der Strom läuft,
und steht dann wieder da.

Es kommt brennende Sonnenhitze,
das Schilfrohr bleibt stehen und verdorrt nicht.

Der Feind zertritt Felder und Fluren;
das Schilfrohr beugt sich und bleibt stehen.

(Bischof Wittmann)

Domkapitular Melchior Diepenbrock, welcher in seiner Trauerrede vom 2. April 1833 die Persönlichkeit Georg Michael Wittmanns in einer zeitlosen Ansprache würdigte und darin auch die oben zitierten Worte erwähnte, sagt dazu: „Er selbst, der stille Dulder, mit seiner unverwüstlichen Beharrlichkeit in allem Guten und Heiligen, war dieses Schilfrohr. Der Tod hat es geknickt, nun grünt es ewig vor Gott.“

II.
Novene um Fürsprache des Dieners Gottes Bischof Georg Michael Wittmann
(Neun-Tage-Andacht)

1. Tag: Beten

Nichts ist im Leben Bischof Georg Michael Wittmanns so auffallend, ja für ihn so charakteristisch wie sein unablässiges Beten. Von frühester Kindheit an übte er das Gebet in einer bewundernswerten Treue. Sein Einsatz als Seelsorger, sein segensreiches Wirken als Regens und Bischof wäre ohne sein intensives Beten nicht denkbar. Außer seinem amtlichen Gebet (Brevier) betete er täglich – auch noch als Generalvikar – den ganzen Rosenkranz (150 Ave Maria), brachte zwei Stunden in der Kirche zu und widmete sich eine Stunde lang dem betrachtenden Gebet und der Lesung der Heiligen Schrift. Die Zeitgenossen Bischof Wittmanns bezeugen: Sein ganzes Auftreten, seine Erscheinung waren „lebendiges Gebet".
Als gläubige Christen wissen wir: Alle Kraft, aller Segen des Lebens liegen verborgen im Beten. Der heilige Apostel Jakobus gibt uns die Zusage: „*Viel vermag das inständige Gebet eines Gerechten*" (Jak 5,16). Deshalb wollen wir in unserem Beten nicht nachlassen, sondern in allen Anliegen, in Sorge und Not zu unserem himmlischen Vater gehen. Große Erhörung und viel Segen versprach sich der Diener Gottes vom nächtlichen Gebet. Dabei betete

Der große Beter: Bischof Georg Michael Wittmann.
(Ölgemälde von B. Popp 1802-1870. Foto: Denk)

er für den Bischof, für die Priester, für die Schulen, vor allem aber auch für die Feinde Christi. Besonders schätze Bischof Wittmann das Gebet der Psalmen. Um das Verstehen der Psalmen zu erleichtern, verfasste er eigens eine Psalmenerklärung. Aber auch von Bitten, welche bei der heiligen Messe ausgesprochen und dem lebendigen Gott empfohlen werden, erwartete er sich viel.
Wie Bischof Wittmann so wollen auch wir unser ganzes Leben vom Geist des Gebetes geprägt sein lassen.

Gebet aus Anlass einer Novene

Herr, du hast deinen treuen Diener Bischof Georg Michael Wittmann von Kindheit an auf den Weg vorbildlicher Frömmigkeit und Tugend geführt. Schenke den Familien und Völkern den Frieden, erneuere die Jugend in Gottesfurcht und Reinheit, gib den Christen eine glühende Liebe zum allerheiligsten Altarsakrament und ein kindliches Vertrauen auf die Fürbitte der unbefleckten Jungfrau und Gottesmutter Maria. Bekehre die Ungläubigen, Irrgläubigen und Sünder und sei den Seelen der Verstorbenen gnädig und barmherzig. Erhöre unsere Gebete und schenke uns auf die Fürbitte des Dieners Gottes, Bischof Wittmanns, die Gnade ..., um die wir dich innig anflehen. Durch Christus, unseren Herrn. Amen.

Vater unser
Gegrüßet seist du, Maria
Ehre sei dem Vater

Worte Bischof Wittmanns:

„Beten, Arbeiten und Leiden. Diese drei Dinge können und dürfen nicht getrennt sein im geistlichen Leben."[7]

„Wenn wir die Gaben Gottes, den Geist Gottes haben wollen, müssen wir darum beten. Die Keuschheit kann nicht ohne Gebet bestehen. Geist und Kraft Gottes aber kommt nur durch das Gebet."[8]

„Im Messopfer allein erhalte ich bestimmten und zuverlässigen Rat in allen zweifelhaften Dingen. Ich erinnere mich nicht, dass ich bei einem Rate, den ich bei der heiligen Messe geholt habe, getäuscht worden sei."[9]

„Je mehr nächtliches Gebet, desto mehr Gnade."[10]

7 Lehner, Johann B.: Michael Wittmann. Bischof von Regensburg, Kevelaer 1937, S. 101.

8 Vgl. Sintzel, Michael (Hrsg.): Des gottseligen Bischofes G. Michael Wittmann Exercitien für Priester und Priesteramtskandidaten, Straubing 1845, S. 24 f.

9 Vgl. Mittermüller, Rupert: Leben und Wirken des frommen Bischofes von Regensburg, Landshut 1859, S. 267.

10 Ebd., S. 263.

2. Tag: Dienen

Georg Michael Wittmann wählte sich als Wahlspruch für sein bischöfliches Wirken: „Beten und Dienen". Damit wollte er zum Ausdruck bringen, was ihm die hohe Würde des bischöflichen Amtes bedeute und wie er sie zu erfüllen trachte. „Beten und Dienen", diese Worte gaben ihm die Kraft, sich den aufreibenden Aufgaben seines verantwortungsvollen Amtes in großer Bereitschaft des Herzens zu stellen.

Auch uns will der Wahlspruch des heiligmäßigen Bischofs und sein Programm zur Quelle der Kraft und des Trostes werden in den Mühen und Sorgen des täglichen Lebens. Im Dienen, nicht im Herrschen, wird der Mensch groß. Das ist Weisheit Gottes. Jesus sagt: *„Wer bei euch groß sein will, der soll euer Diener sein, und wer bei euch der Erste sein will, soll euer Sklave sein"* (Mt 20,26 f.). Als Dompfarrer nannte sich Michael Wittmann nur „Pfarrknecht". Können wir solch selbstloses Dienen auch von uns immer behaupten? Alle kirchlichen Ämter können nur vom Geist des Dienens verstanden und ausgeübt werden. In der Nacht vor seinem Leiden und Sterben, beim Letzten Abendmahl, hat uns Jesus ein unvergessliches Beispiel des Dienens gegeben. Mit der Fußwaschung seiner Jünger hat er sich zum Sklaven aller gemacht und unter den in seinen Leib und sein Blut verwandelten Gestalten von Brot und Wein will er noch heute unser aller Diener sein, so oft wir Eucharistie feiern und seinen Leib in der hl.

Georg Michael Wittmann auf einem zeitgenössischen Stich vor der Niedermünsterkirche. (Foto: Starzinger)

Kommunion als Speise zum ewigen Leben empfangen. Aus diesem heiligsten Sakrament erwächst uns die Kraft zu unauffälligem, selbstlosen Dienen.
Beten wir darum, dass der Geist echten, christlichen Dienens nicht erlahme. Beten wir, dass in unseren Familien, in den Ordensgemeinschaften, an den Arbeitsstätten die Würde des Dienens um Christi willen neu erkannt und gepflegt werde.

Gebet aus Anlass einer Novene

Herr, du hast deinen treuen Diener Bischof Georg Michael Wittmann von Kindheit an auf den Weg vorbildlicher Frömmigkeit und Tugend geführt. Schenke den Familien und Völkern den Frieden, erneuere die Jugend in Gottesfurcht und Reinheit, gib den Christen eine glühende Liebe zum allerheiligsten Altarsakrament und ein kindliches Vertrauen auf die Fürbitte der unbefleckten Jungfrau und Gottesmutter Maria. Bekehre die Ungläubigen, Irrgläubigen und Sünder und sei den Seelen der Verstorbenen gnädig und barmherzig. Erhöre unsere Gebete und schenke uns auf die Fürbitte des Dieners Gottes, Bischof Wittmanns, die Gnade ..., um die wir dich innig anflehen. Durch Christus, unseren Herrn. Amen.

Vater unser
Gegrüßet seist du, Maria
Ehre sei dem Vater

Worte Bischof Wittmanns:

„Ich will den ganzen Tag in allem Diener sein."[11]

„Ich war in allen meinen pfarrlichen Geschäften Knecht ohne Lohn, in meinen Schulverrichtungen Knecht ohne Lohn und Lob; im Seminar diente ich ohne Hoffnung auf Erfolg."[12]

„Du hast mich, o Herr, in der ganzen Diözese als Hausvater aufgestellt. Täglich möchte ich darum der Knecht aller sein; zu ihren Füßen hingeworfen möchte ich ihre Befehle, ihre Schmähungen, ihre Backenstreiche, ihre Schläge und meine Ausstoßung hinnehmen."[13]

11 Lehner, Johann B.: Michael Wittmann, S. 67.
12 Ebd.
13 Ebd., S. 67 f.

3. Tag: Büßen

Den rechten Geist der Buße kann nur der besitzen, der den Geist Christi hat. Wir wollen unsere Augen richten auf Jesus Christus, den Sohn Gottes, der sich entäußerte und erniedrigte bis zum Tod am Kreuz (vgl. Phil 2,7 f.). Dieser Blick lädt uns ein, ein Leben der Buße zu führen. Wir dürfen nicht vergessen: Die Tugend der Buße macht uns Christus ähnlich. Schon allein deshalb ist sie für uns erstrebenswert. Stellvertretend für uns alle hat Jesus das Kreuz auf den Berg Golgota getragen. Er ruft uns zur Nachfolge.
Viele verfallen heute blinder Vergnügungssucht. Sie haben keinen Sinn mehr für die Botschaft vom Kreuz, für die Notwendigkeit von Sühne und Buße. Und doch ist Buße stellvertretende Liebe. Hier gilt, was uns der Apostel Paulus verkündet: *„Das Wort vom Kreuz ist denen, die verloren gehen Torheit, uns aber ist es Gottes Kraft. Die Juden fordern Zeichen, die Griechen suchen Weisheit. Wir dagegen verkündigen Christus als den Gekreuzigten"* (vgl. 1 Kor 1, 18. 23). Bischof Wittmann tat Buße für sich und die ihm Anvertrauten. Bereitwillig und im Geist des Verzeihens ertrug er Anfeindungen, Beleidigung und Schmähungen, die er nicht selten von undankbaren Bittstellern oder von Gegnern erfahren musste[13a]. All

13a Bezeichnend dafür ist eine Begebenheit, die uns Biograph Mittermüller berichtet. Als sich Wittmann um das Jahr 1812 einmal auf der Straße mit Kindern abgab, fuhr ein hoher weltlicher Beamter der Stadt vorbei und begann ein spötti-

Handkreuz von Bischof Wittmann mit Intarsien. Heute im Besitz der Armen Schulschwestern von Regensburg/Niedermünster.
(Foto: Rappl)

das begriff er als Mittel und Weg, Christus gleichgestaltet zu werden. Bitten wir den Diener Gottes um die Gnade eines bußfertigen Herzens, das die Sünde verabscheut und sich zu heiligen bereit ist.
Bitten wir ihn um die Kraft, die Widerwärtigkeiten, Prüfungen und Krankheiten unseres Lebens anzunehmen im Geist der Buße und Demut. So werden sie uns zu Hilfen, uns von falschen Bindungen an das Irdische zu lösen und in allem Gott zu suchen.

Gebet aus Anlass einer Novene

Herr, du hast deinen treuen Diener Bischof Georg Michael Wittmann von Kindheit an auf den Weg vorbildlicher Frömmigkeit und Tugend geführt. Schenke den Familien und Völkern den Frieden, erneuere die Jugend in Gottesfurcht und Reinheit, gib den Christen eine glühende Liebe zum allerheiligsten Altarsakrament und ein kindliches Vertrauen auf die Fürbitte der unbefleckten Jungfrau und Gottesmutter Maria. Bekehre die Ungläubigen, Irrgläubigen und Sünder und sei den Seelen der Verstorbenen gnädig und barmherzig. Erhöre unsere Gebete und schenke uns auf die Fürbitte des Dieners Gottes, Bischof Wittmanns, die Gnade ..., um die wir dich

---

sches Gelächter. Ein Wittmann begleitender Geistlicher ärgerte sich darüber. Der Diener Gottes aber antwortete: „Freuen wir uns, wenn uns die Menschen verachten, sie haben ja auch Christus verachtet. Je mehr uns die Welt verachtet, desto mehr können wir uns Christo anschließen" (vgl. Mittermüller, Rupert: Leben und Wirken, S. 122).

innig anflehen. Durch Christus, unseren Herrn. Amen.

Vater unser
Gegrüßet seist du, Maria
Ehre sei dem Vater

Worte Bischof Wittmanns:

„*Auch sollen wir nicht unterlassen, einige Bußwerke zu üben. Solche willkürliche Bußwerke sind: Geregelter Schlaf, Einsamkeit, Zurückgezogenheit von weltlichen Dingen, Duldung der Unbilden. Die Liebe zu Gott wird eingeben, was Gott wohlgefällig ist.*“[14]

„*Schließlich will ich noch etwas beifügen vom Schwerte, von dem Simon sprach, als er das Jesukind auf den Arm nahm: ‚Deine Seele, o Maria, wird ein Schwert durchdringen (Lk 2,34-35), und wie es dir geht, so geht es allen Menschen, die es mit Jesu halten.*“[15]

„*Wenn man übel von uns urteilt, wie haben wir uns dabei zu verhalten? Nach der Lehre Christi sollen wir uns die schlimmen Urteile gefallen lassen. Wir sollen uns nur an ihn halten und das Übrige ihm überlassen.*“[16]

---

14 Vgl. Sintzel, Michael (Hrsg.): Wittmann Exercitien, S. 259.
15 Vgl. ebd.
16 Vgl. ebd., S. 31.

4. Tag: Lieben

Was bildet den Mittelpunkt im Leben Bischof Wittmanns? Wir müssen antworten: Es ist die Liebe. Sein unermüdlicher Einsatz für das Heil der Seelen, sein tapferes Eintreten für die Rechte Gottes und seiner Kirche, sein unablässiges Büßen und Streben nach Selbstheiligung: All dies kam aus der einen Mitte seines Herzens, der Liebe. Die Liebe ist langmütig, die Liebe ist gütig, sie prahlt nicht, sie bläht sich nicht auf. Die Liebe sucht nicht ihren Vorteil, sie lässt sich nicht zum Zorn reizen, sie trägt das Böse nicht nach (vgl. 1 Kor 13,4 ff.). All diese Eigenschaften wahrer christlicher Liebe finden wir im Leben des heiligmäßigen Bischofs. Sie prägten sein Wirken. Deshalb war es so segensreich für die ihm Anvertrauten, deshalb wurde es zum einzigartigen Lobpreis des dreifaltigen Gottes. Viele Beispiele könnten wir aufzählen, in denen Bischof Wittmann die Liebe geübt hat: Als junger Priester in der Landseelsorge; durch Üben von Nachsicht bei der Ausbildung seiner Seminaristen; im Dulden und Ertragen falscher Anschuldigungen; in seiner Liebe zu den Armen und Kranken, besonders aber zu den Kindern, für die er alles zu geben bereit war und deren wahrhaft geistlicher Vater er geworden ist.

Kein Bild zeigt diese Liebe so rührend wie jenes, auf welchem ein Knabe dankbar und ehrfürchtig die Hand des Bischofs küsst. Es gehört zu den bekanntesten Bildern Bischof Wittmanns, denn es zeigt uns einen Menschen, dessen Blick nur den Kleinen und Hilflosen galt. Auch für uns eine Einladung, uns in

Hier besuchte Wittmann die Kranken seiner Pfarrei und tröstete sie mit dem Worte Gottes. *(Bildarchiv)*

> *„Wenn die Menschen übel von uns urteilen, sind wir immer in der Notwendigkeit, uns desto mehr an Gott zu halten.“* *(Bischof Wittmann)*

unseren Nöten an Bischof Wittmann zu wenden. Sein gütiger Blick gilt auch heute noch allen Bedrängten und vom Leid Getroffenen.

Gebet aus Anlass einer Novene

Herr, du hast deinen treuen Diener Bischof Georg Michael Wittmann von Kindheit an auf den Weg vorbildlicher Frömmigkeit und Tugend geführt. Schenke den Familien und Völkern den Frieden, erneuere die Jugend in Gottesfurcht und Reinheit, gib den Christen eine glühende Liebe zum allerheiligsten Altarsakrament und ein kindliches Vertrauen auf die Fürbitte der unbefleckten Jungfrau und Gottesmutter Maria. Bekehre die Ungläubigen, Irrgläubigen und Sünder und sei den Seelen der Verstorbenen gnädig und barmherzig. Erhöre unsere Gebete und schenke uns auf die Fürbitte des Dieners Gottes, Bischof Wittmanns, die Gnade ..., um die wir dich innig anflehen. Durch Christus, unseren Herrn. Amen.

Vater unser
Gegrüßet seist du, Maria
Ehre sei dem Vater

Worte Bischof Wittmanns:

„Wer sind diejenigen, die innerlich zur Barmherzigkeit bewegt werden? Es sind diejenigen, die die Liebe Gottes haben. Wer die Liebe Gottes hat, dessen Inneres wird anders bestellt sein. Gottes- und Nächstenliebe müssen also beisammen sein.“[17]

„Was meine Liebe gegen Jesus anbelangt, so habe ich die Gewissheit oder vielmehr die Zuversicht erlangt, dass ich nicht ohne Liebe sei. Nichts will ich ferner mehr verlangen, außer etwa, dass ich als ein Opfertier der Liebe geschlachtet werde.“[18]

„Ich fürchte, nur wenige von uns (Priestern) werden selig werden, wenn wir nicht das Glück haben, als Opfer der Nächstenliebe zu sterben.“[19]

„Wir Geistliche sollen unser Augenmerk hinrichten auf die Armen, an diese von Gott so sehr empfohlene Klasse von Leuten müssen wir uns zuerst halten. Alle Männer, welche Großes geleistet haben, haben sich an die Armen gehalten.“[20]

---

17 Vgl. Lehner, Johann B.: Michael Wittmann, S. 187.
18 Vgl. Mittermüller, Rupert: Leben und Wirken, S. 253.
19 Vgl. ebd., S. 152.
20 Ebd., S. 147.

5. Tag: Schweigen

Über 30 Jahre lang verbrachte Georg Michael Wittmann jedes Jahr eine Zeit der Einkehr und des Schweigens in der Klause Frauenbrünnl bei Bad Abbach. Hier hielt er seine jährlichen Exerzitien und nützte die ihm verbleibenden wenigen Tage, um in Schweigen und Gebet sein Leben vor Gott zu ordnen. Die Berichte und Notizen aus der Zeit seiner Exerzitien lassen uns einen Blick werfen in die Tiefe seines gottverbundenen Innenlebens. Im Schweigen vor Gott erkannte er die Wahrheiten des Glaubens und das, was Gott von ihm in seinen seelsorgerlichen Aufgaben und Ämtern wollte. Wir dürfen Bischof Wittmann als einen Mann des Schweigens charakterisieren. Nichts war ihm unangenehmer als durch leere Reden und leichtsinnige Unterhaltung die Ruhe seines Gewissens zu stören. Seine Gottinnigkeit und sein Wandel vor Gott waren Frucht seines Schweigens. In diesem Schweigen ertrug er Verdemütigungen und Angriffe gegen seine strengkirchliche Haltung. Zuflucht und Trost fand er allein in Gott. Er wusste, dass auch Jesus vor Pontius Pilatus geschwiegen hat. Er wusste und erkannte: Im Schweigen ruht die Kraft der Liebe.
Biograph Mittermüller berichtet davon, Dompfarrer und Regens Wittmann sei bei nächtlichen Versehgängen oder bei der Rückkehr von Krankenbesuchen öfters überfallen und misshandelt worden. Zu diesen Vorfällen äußerte sich Wittmann nie. Er überging sie mit Stillschweigen[21]. In allem wollte er seinem gött-

21 Vgl. ebd., S. 155.

Einsiedelei Frauenbründl bei Bad Abbach. Von 1800-1832 verbrachte der Diener Gottes hier seine jährlichen Exerzitien. Im Vordergrund auf dem Acker schreitend Bischof Wittmann ins Gebet versunken. Ölgemälde auf Blech von Oswald Haffner, Neustadt a. D., heute im Besitz des Klosters der Armen Schulschwestern Regensburg/Niedermünster. (Foto: Rappl)

lichen Meister ähnlich werden. Darum fand er im sparsamen Gebrauch der Worte, in der Einsamkeit und in der Verborgenheit wirkungsvolle Mittel, um zur Heiligkeit und Christusähnlichkeit heranzuwachsen.

Auch in unserer Zeit gilt es, diese geistlichen Hilfen neu zu entdecken. Das Leben und Beispiel Bischof

Wittmanns seien uns dazu Ansporn. Beten wir für uns und die uns Anvertrauten um den Geist der Stille und Innerlichkeit, damit wir den Segen erspüren, der im gottgewollten Schweigen verborgen liegt.

Gebet aus Anlass einer Novene

Herr, du hast deinen treuen Diener Bischof Georg Michael Wittmann von Kindheit an auf den Weg vorbildlicher Frömmigkeit und Tugend geführt. Schenke den Familien und Völkern den Frieden, erneuere die Jugend in Gottesfurcht und Reinheit, gib den Christen eine glühende Liebe zum allerheiligsten Altarsakrament und ein kindliches Vertrauen auf die Fürbitte der unbefleckten Jungfrau und Gottesmutter Maria. Bekehre die Ungläubigen, Irrgläubigen und Sünder und sei den Seelen der Verstorbenen gnädig und barmherzig. Erhöre unsere Gebete und schenke uns auf die Fürbitte des Dieners Gottes, Bischof Wittmanns, die Gnade ..., um die wir dich innig anflehen. Durch Christus, unseren Herrn. Amen.

Vater unser
Gegrüßet seist du, Maria
Ehre sei dem Vater

Worte Bischof Wittmanns:

„Eine Art des Stillschweigens ist, wenn man über weltliche Begebenheiten gleichgültig bleibt.“[22]

„Viel sprechen steht mit der Liebe im Widerspruche.“ [23]

„Ich habe die feste Zuversicht, dass Jesus selbst mir den Glauben gegeben habe, weil er in der Messe auf mich herabsieht, weil ich das Gepränge und die Geschwätzigkeit der Welt hasse, weil ich bei jeder Schwierigkeit zum Herrn allein aufblicke.“[24]

„Je mehr Zerknirschung ich habe, desto mehr Liebe und Reue bringe ich in den Beichtenden hervor. Wenn ich bei der Nacht gewacht habe, wenn ich seufzend mich an meinen Engel halte und in Worten sehr sparsam bin, dann wirkt die Gnade durch mich.“[25]

22 Vgl. Sintzel, Michael (Hrsg.): Wittmann Exercitien, S. 232.
23 Vgl. ebd., S. 233.
24 BKR, CMW, Proc. inf., sess. 30, S. 2.
25 Mittermüller, Rupert: Leben und Wirken, S. 158.

6. Tag: Hören

Hören und Gehorsam waren für Bischof Wittmann eines. Im Hören auf die Stimme seines an den Geboten Gottes und der Kirche geschulten Gewissens vernahm er die Stimme Gottes. Er fand darin Weisung für das, was er den ihm Anvertrauten als Willen Gottes zu künden habe. Seinen Zeitgenossen blieb vor allem seine ganz und gar kirchliche Einstellung und sein uneingeschränkter Gehorsam gegenüber den kirchlichen Vorschriften und Lehren in Erinnerung. Sie gelten als grundlegendes Charaktermerkmal Bischof Wittmanns. Der Mensch findet seine wahre Freiheit nicht in der Erfüllung seiner Wünsche, die nur allzu oft einem selbstsüchtigen Wollen entspringen. Der Mensch wird auch nicht frei, indem er – wie es die vom Geist der Aufklärung bestimmten Zeitgenossen Bischof Wittmanns verkündeten – sich selbst in den Mittelpunkt seines Denkens und Fühlens stellt.

Er findet seine wahre Freiheit nur im Hören auf den Willen Gottes. Bischof Wittmann tat dies selber jede Viertelstunde des Tages und gelangte dadurch zu einer inneren Freiheit, die ihre Sicherheit von Gott empfängt. Nirgends aber ist für uns der Wille Gottes so deutlich vernehmbar wie in den Worten der Bibel. Deshalb verbreitete und empfahl Bischof Wittmann die oftmalige Lesung der Heiligen Schrift bei Priestern und Gläubigen. So sollte sich im Gehorsam gegenüber der sich im Wort der Heiligen Schrift offenbarenden Liebe Gottes der Glaube verinnerlichen.

Bischof Johann M. Sailer zusammen mit seinem Weihbischof Georg M. Wittmann. Gemälde aus dem Wittmann-Foyer der Armen Schulschwestern von Regensburg/Niedermünster.
(Foto: Rappl)

Der kirchliche Gehorsam Bischof Wittmanns fand außerdem seinen lebendigen Ausdruck in der Beobachtung der kirchlichen Disziplin, im treuen Beten des Breviers, in der gewisssenhaften Einhaltung des Zölibats und im Tragen des geistlichen Gewandes. In diesem Geiste erzog er auch die ihm anvertrauten Seminaristen. Jeder könne den Gehorsam ohne Schwierigkeiten üben, wenn er sich den Weisungen seines Beichtvaters unterstelle, den Anordnungen seiner Vorgesetzten rasch nachkomme und seine Berufspflichten pünktlich erfülle, so meinte er als geschätzter Seelenführer[26]. „Christus war für uns gehorsam bis zum Tod, bis zum Tod am Kreuz“ (vgl. Phil 2,8). Dieser Gehorsam des Sohnes Gottes war für Bischof Wittmann Lebensinhalt. In diesem Gehorsam übernahm er alle kirchlichen Ämter und Würden, die ihm von seinen Vorgesetzten übertragen wurden. Nie hat er sie selbst gesucht. Wollen wir uns bereit machen, im Gehorsam des Glaubens Gottes Willen und seine Fügungen anzunehmen, um zur wahren Freiheit des Geistes und des Herzens zu gelangen.

Gebet aus Anlass einer Novene

Herr, du hast deinen treuen Diener Bischof Georg Michael Wittmann von Kindheit an auf den Weg vorbildlicher Frömmigkeit und Tugend geführt. Schenke den Familien und Völkern den Frieden, erneuere die Jugend in Gottesfurcht und Reinheit, gib den Christen eine glühende Liebe zum allerhei-

---

26 Vgl. ebd., S. 163.

ligsten Altarsakrament und ein kindliches Vertrauen auf die Fürbitte der unbefleckten Jungfrau und Gottesmutter Maria. Bekehre die Ungläubigen, Irrgläubigen und Sünder und sei den Seelen der Verstorbenen gnädig und barmherzig. Erhöre unsere Gebete und schenke uns auf die Fürbitte des Dieners Gottes, Bischof Wittmanns, die Gnade ..., um die wir dich innig anflehen. Durch Christus, unseren Herrn. Amen.

Vater unser
Gegrüßet seist du, Maria
Ehre sei dem Vater

Worte Bischof Wittmanns:

„Auch wir sollen mit Hingebung in den göttlichen Willen leiden. Alles, was wir zu dulden haben, ist ja nur Kleinigkeit gegen die Leiden Christi. Wir haben dazu auch Erquickung in dem heiligen Messopfer und im Gebete."[27]

27 Vgl. Sintzel, Michael (Hrsg.): Wittmann Exercitien, S. 226 f.

„Die ganze christliche Kirche war von jeher von der Notwendigkeit des Gehorsams überzeugt. Selbst Christus, der eine ganz unverdorbene Natur hatte, machte einen Unterschied zwischen seinem göttlichen und menschlichen Willen: ‚Non mea voluntas, sed tua fiat' (‚Nicht mein Wille, sondern der Deinige soll geschehen').“[28]

„Sünden gegen den Gehorsam:

a) Wenn wir am Altare die Vorschriften der Kirche nicht genau und bis auf das Kleinste beobachten.
b) Wenn wir ungehorsam sind im Breviergebet.
c) Wenn wir ungehorsam sind gegen die bischöflichen Verordnungen.
d) Wenn wir die Kirchengesetze nicht beobachten.
e) Wenn wir die Kirchengesetze in Hinsicht der Kleidung vernachlässigen. Die den Priestern vorgeschriebene Kleidung hält uns ab vom Umgange mit der Welt.
f) Wenn wir verschiedene Kirchengebräuche, z. B. Aufhebung (Falten) der Hände vernachlässigen.
g) Wenn wir keine Tagesordnung haben.“[29]

---

28 Vgl. ebd., S. 65.
29 Vgl. ebd., S. 66.

Vitrine mit Literatur über Bischof Wittmann, ausgestellt im Bischof-Wittmann-Sterbezimmer, Regensburg/Obermünster.
(Bildarchiv)

Nur ein Priester, der betet, wird beten lehren können, während er auch die Gnade Gottes auf diejenigen hinzuziehen weiß, die von seinem pastoralen Dienst abhängig sind, um auf diese Weise Bekehrungen, Vorsätze für ein intensiveres geistliches Leben, Priester- und Ordensberufe zu fördern.

(Kongregation für den Klerus: Der Priester, Lehrer des Wortes, Diener der Sakramente und Leiter der Gemeinde für das dritte christliche Jahrtausend, Kap. 3, Nr. 2)

7. Tag: Führen

Georg Michael Wittmann war ein begnadeter Seelenführer. Menschen jeden Standes und jedes Alters hat er auf ihrem Weg zu Gott begleitet. Früh am Morgen war er bereits im Beichtstuhl anzutreffen, um die Seelen von der Last der Sünde zu befreien, sie geistlich zu führen und innerlich zu begleiten. Wie viel Licht und Segen spendete er durch seine aus dem Herzen kommenden Predigten, seine unzähligen Katechesen in der Schule, seine tröstenden Worte an den Betten der Kranken. Welche hervorragende Qualität des Führens bewies er in der Ausbildung seiner 1500 Seminaristen hin auf dem Weg zum Weihealtar. Die edelste Frucht seiner Menschenführung und seiner geistlichen Begleitung war die Stadtamhofer Schifferstochter Carolina Gerhardinger, die spätere selige Ordensgründerin Maria Theresia von Jesu. Ihr Lebenswerk, die Gründung des Ordens der Armen Schulschwestern, wäre ohne den geistlichen Einfluss Bischof Wittmanns, ihres Seelenführers undenkbar. Der heiligmäßige Bischof wurde zum Erzieher und Lehrmeister einer Seligen. Welch´ wunderbares Zusammenwirken der Gnade. Sollten wir Gott dafür nicht preisen? Beten wir, dass Gottes Heiliger Geist auf die Fürsprache Bischof Wittmanns hochherzige und verantwortungsbewusste Menschen forme, die anderen als Vorbild eines heiligen und gottgefälligen Lebenswandels voranleuchten. Bitten wir besonders um gute Eltern und Erzieher, die ihre Kinder im Leben begleiten, ihnen Treue und Glauben vorleben. Beten wir nicht zuletzt um heiligmäßige

Die selige Maria Theresia von Jesu Gerhardinger (1797-1879). Bischof Wittmann war ihr geistlicher Seelenführer und bereitete sie auf die Ordensgründung der Armen Schulschwestern vor. (Bildarchiv)

Priester, die im Geiste Bischof Wittmanns den Seelen Wegweiser zu Gott sind und sie nach dem Beispiel des guten Hirten Jesus Christus zu den Quellen lebendigen Wassers führen, die uns in den Sakramenten der Kirche bereitet sind.

Gebet aus Anlass einer Novene

Herr, du hast deinen treuen Diener Bischof Georg Michael Wittmann von Kindheit an auf den Weg vorbildlicher Frömmigkeit und Tugend geführt. Schenke den Familien und Völkern den Frieden, erneuere die Jugend in Gottesfurcht und Reinheit, gib den Christen eine glühende Liebe zum allerheiligsten Altarsakrament und ein kindliches Vertrauen auf die Fürbitte der unbefleckten Jungfrau und Gottesmutter Maria. Bekehre die Ungläubigen, Irrgläubigen und Sünder und sei den Seelen der Verstorbenen gnädig und barmherzig. Erhöre unsere Gebete und schenke uns auf die Fürbitte des Dieners Gottes, Bischof Wittmanns, die Gnade ..., um die wir dich innig anflehen. Durch Christus, unseren Herrn. Amen.

Vater unser
Gegrüßet seist du, Maria
Ehre sei dem Vater

Worte Bischof Wittmanns:

„Bei den jungen Geistlichen geht mein Beten und Trachten dahin, ihnen einen Sinn der Bußfertigkeit in Gebet, Armut und völliger Lebensopferung zu verschaffen."[30]

„Es muss Regel für unser menschliches Leben sein, dass wir auf dem, was wir mit Gebet und Überlegung beschlossen haben, unwankelmütig im Vertrauen auf Gott beharren. Ohne diese Regel taugen wir Menschen zu nichts, weil wir in allen Dingen wankelmütig sein werden."[31]

„Rat ist bei dem, der die Zukunft weiß, bei Gott. Beraten Sie sich mit ihm im nächtlichen Gebet und in der hl. Messe."[32]

30 Lehner, Johann B.: Michael Wittmann, S. 94.
31 Vgl. Mittermüller, Rupert: Leben und Wirken, S. 166.
32 Ebd., S. 167.

8. Tag: Vereinen

Die Menschen in Einmütigkeit, Frieden und Liebe zusammenzuführen war das lebenslange Bestreben des Dieners Gottes. Sein oberstes Ziel war die Verbindung der Seelen mit Gott. Dafür arbeitete Bischof Wittmann Tag und Nacht, oft bis zur Erschöpfung. Er wusste: Nur wenn die Seele mit Gott verbunden ist, erfährt sie tiefen Frieden, einen Frieden, der vor Hass und Zwietracht unter den Menschen bewahrt. So bemühte er sich um Einheit und Frieden in den Familien seiner Pfarrei, aber ebenso um die Einheit der künftigen Priester, indem er ihnen die Liebe zur Kirche ins Herz pflanzte.
Die in seinem Dienst als Weihbischof durchgeführten Visitationen betrachtete der Diener Gottes als Mittel, um die Geistlichen des Bistums mit ihrem Bischof zu verbinden, ihre Sorgen und Anliegen der Seelsorge aus erster Hand zu erfahren. Gegenüber seinen Feinden war Bischof Wittmann nie nachtragend. Sein seelsorgerlicher Einsatz galt in Kriegsgefahr Freund und Feind. Bei der Erstürmung Regensburgs im Jahr 1809 wandte er seinen priesterlichen Einsatz den feindlichen Soldaten ebenso wie der einheimischen Bevölkerung zu, ohne Ansehen der Person.
Ein besonderes Anliegen war dem eifrigen Seelenhirten die rechte Vereinigung im Glauben. Dabei dachte er freilich nie an Glaubenseinheit auf Kosten der Glaubensreinheit. Doch sah er in der Liebe zum Worte Gottes, das den christlichen Konfessionen in der Heiligen Schrift anvertraut ist, eine Gemeinsamkeit, welche die getrennten Brüder und Schwestern

Ansicht des Regensburger Domes mit Hauptportal zur Zeit Bischof Wittmanns. (Bildarchiv)

im Glauben einander näher bringen und zusammenführen könne.
Eines der größten Verdienste Bischof Wittmanns um die Einheit war die Zusammenführung der uneins gewordenen bayerischen Bischöfe im herrschenden Streit um die Frage der Mischehen. Der Diener Gottes überzeugte seine bischöflichen Mitbrüder durch Wort und Beispiel und vereinte durch seinen persönlichen Einsatz die Bischöfe untereinander und in der Treue zum römischen Papst.

Gebet aus Anlass einer Novene

Herr, du hast deinen treuen Diener Bischof Georg Michael Wittmann von Kindheit an auf den Weg vorbildlicher Frömmigkeit und Tugend geführt. Schenke den Familien und Völkern den Frieden, erneuere die Jugend in Gottesfurcht und Reinheit, gib den Christen eine glühende Liebe zum allerheiligsten Altarsakrament und ein kindliches Vertrauen auf die Fürbitte der unbefleckten Jungfrau und Gottesmutter Maria. Bekehre die Ungläubigen, Irrgläubigen und Sünder und sei den Seelen der Verstorbenen gnädig und barmherzig. Erhöre unsere Gebete und schenke uns auf die Fürbitte des Dieners Gottes, Bischof Wittmanns, die Gnade ..., um die wir dich innig anflehen. Durch Christus, unseren Herrn. Amen.

Vater unser
Gegrüßet seist du, Maria
Ehre sei dem Vater

Worte Bischof Wittmanns:

„Das Lamm Gottes, der Löwe von Juda, der Sieger über alle Feinde wolle bald alle seine zerstreuten Lämmer in Eins vereinigen!“[33]

„Ich will als Diener zu den Geistlichen kommen, bereit, die Füße eines jeden zu waschen, damit sich die Geistlichkeit mit ihrem Bischofe einige.“[34]

„Wollen wir daher fest in Gemeinschaft mit dem Oberhaupte (dem Papst) verharren, sonst möchte der böse Feind Gewalt über uns haben.“[35]

33 Ebd., S. 180.
34 Ebd., S. 204.
35 Sintzel, Michael (Hrsg.): Wittmann Exercitien, S. 72.

9. Tag: Vollenden

Im Sterben vollendet sich das Leben des Menschen auf Gott hin. Das ist der Glaube, den wir Christen der Welt zu künden haben. Dieser Glaube tröstet. Denn wir wissen: Der Tod bedeutet nicht das Ende, sondern er ist der Beginn des Lebens in Gott. Hier darf sich alles vollenden, was die Gnade in unserem Leben grundgelegt hat. Für jeden von uns werden sich die Tage dieses Lebens einmal zu Ende neigen. Gebe Gott, dass sie sich dann vollenden dürfen in der Seligkeit, in der Schau der ewigen Herrlichkeit Gottes. *„Ich bin überzeugt, dass die Leiden der gegenwärtigen Zeit nichts bedeuten im Vergleich zu der Herrlichkeit, die an uns offenbar werden soll"* (Röm 8,18). Mit diesen Worten gab der heilige Paulus einst seiner Hoffnung auf das ewige Leben Ausdruck. Aus ihnen gewann auch Bischof Wittmann die Kraft einer unzerstörbaren Hoffnung.

„Kostbar ist in den Augen des Herrn das Sterben seiner Frommen" (Ps 116,15), so betet die Kirche beim Heimgang ihrer Söhne und Töchter in das Licht des lebendigen Gottes. Ein „kostbares Sterben" in den Augen Gottes war auch das Sterben des Dieners Gottes Bischof Georg Michael Wittmann. Als seine Tage zu Ende gingen und er den Tod nahen fühlte, bat er um die Gnade der heiligen Sterbesakramente. Er ließ ein Kreuz aufstellen und sich darunter auf den Boden legen. So lag er nach seinem Wunsch unter dem großen Kreuz in seinem Zimmer nur auf Stroh gebettet, um mit größter Geduld unter Schmerzen seine Seele dem Allmächtigen zurückzugeben. Seine letzten

Kreuz, jetzt auf dem Finkenhammer. Man nimmt an, dass der sterbende Bischof dieses Kreuz vor sich aufstellen ließ, um darunter seine Seele dem Schöpfer zurückzugeben. *(Foto: Starzinger)*

Worte waren: *„Ich bin ein Christ und will unter dem Kreuze sterben"*.

Beten auch wir um die Gnade, dass uns ein gottergebenes Leben und Sterben geschenkt sei. Führen wir unser Leben in allen Freuden und Leiden so, dass es sich einmal vollenden darf in der Herrlichkeit des ewigen Lebens bei Gott. Christus hat uns durch seinen Tod und seine Auferstehung den Weg zu diesem unvergänglichen Leben gewiesen. Das ist uns Trost in Unglück und Leid und es stärkt uns, Leben und Sterben in christlicher Haltung zu meistern. Bischof Wittmann wird uns darin beistehen. Er wird unsere Anliegen vor Gott tragen und uns helfen, dass auch wir das kostbarste Gut, das Gut des ewigen Lebens, nicht verlieren.

Gebet aus Anlass einer Novene

Herr, du hast deinen treuen Diener Bischof Georg Michael Wittmann von Kindheit an auf den Weg vorbildlicher Frömmigkeit und Tugend geführt. Schenke den Familien und Völkern den Frieden, erneuere die Jugend in Gottesfurcht und Reinheit, gib den Christen eine glühende Liebe zum allerheiligsten Altarsakrament und ein kindliches Vertrauen auf die Fürbitte der unbefleckten Jungfrau und Gottesmutter Maria. Bekehre die Ungläubigen, Irrgläubigen und Sünder und sei den Seelen der Verstorbenen gnädig und barmherzig. Erhöre unsere Gebete und schenke uns auf die Fürbitte des Dieners Gottes, Bischof Wittmanns, die Gnade ..., um die wir dich innig anflehen. Durch Christus, unseren Herrn. Amen.

Vater unser
Gegrüßet seist du, Maria
Ehre sei dem Vater

Worte Bischof Wittmanns:

„Ich bin ein Christ, ich will unter dem Kreuze sterben."[36]

„Ich beschließe jetzt mein armseliges Leben, Gott nimmt mich zu sich. Ich hoffe auf seine Barmherzigkeit."[37]

G. M. Wittmann, aufgebahrt mit den bischöflichen Insignien.
(Foto: Starzinger)

---

36 Mittermüller, Rupert: Leben und Wirken, S. 246.
37 Vgl. BKR, CMW, Proc. inf., sess. 23, S. 2.

„Ich kann nichts mehr tun, aber ich vertraue auf unseren Herrn, er wird mir barmherzig sein. Wir wollen füreinander beten im Leben und im Sterben.“[38]

„Wer jetzt mit bußfertigem Herzen dem Herrn seine bitteren Drangsale aufopfern wird, dem wird er dann, wenn er bei dem Gerichte erscheint, viel Trost und Freude bringen. Wer das Leiden und Kreuz hier schon gutmütig trägt, o diese verkosten hier schon etwas von der künftigen Seligkeit.“[39]

> *„Als Regel für unser menschliches Leben muss sein: dass wir auf dem, was wir mit Gebet und Überlegung beschlossen haben, unwankelmütig im Vertrauen auf Gott beharren. Ohne diese Regel taugen wir Menschen zu nichts, weil wir in allen Dingen wankelmütig sein werden.“*
>
> (Bischof Wittmann)

---

38 Vgl. ebd., S. 4.

39 Michael Wittmann, Bischof von Regensburg: Predigten über die vier letzten Dinge des Menschen, über die Unvollständigkeit unserer Buße, und über die Standespflichten der Christen. Nebst zwei Charfreitagspredigten, hrsg. von einem katholischen Geistlichen, Regensburg 1849, S. 50.

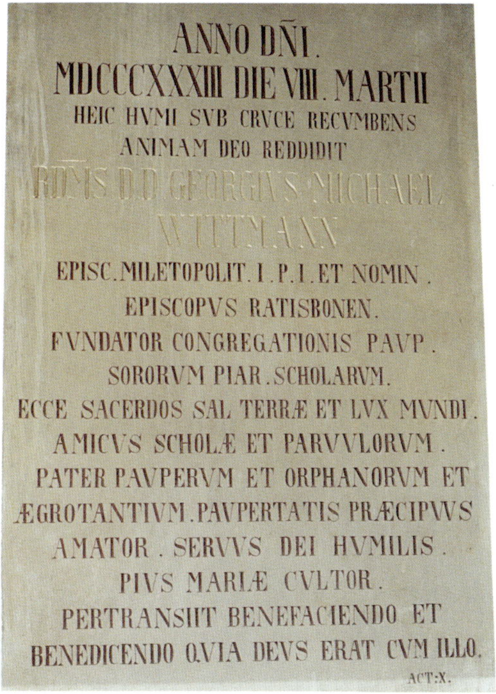

Gedenktafel im Bischof-Wittmann-Sterbezimmer, Regensburg/ Obermünster. *(Bildarchiv)*

Wichtiger Hinweis

Um das Verfahren des Seligsprechungsprozesses für den Diener Gottes Bischof Georg Michael Wittmann zu unterstützen und rasch voranzubringen, bitten wir die Gläubigen, die sich an die helfende Fürsprache Bischof Wittmanns wenden, alle Gebetserhörungen, welche der Fürsprache des Dieners Gottes zugesprochen werden, ausführlich und nur schriftlich an den Leiter der Abt. für Selig- und Heiligsprechungsprozesse beim Bischöflichen Konsistorium für das Bistum Regensburg zu melden. Seine Anschrift lautet:

H. H. Domvikar Georg Schwager
Schwarze-Bären-Str. 2, D-93047 Regensburg
(Fax-Nr. 0941/57003).

Außerdem sei darauf hingewiesen, dass an jedem 8. des Monats vom Leiter der Abteilung für Selig- und Heiligsprechungsprozesse eine heilige Messe in der Intention aufgeopfert wird: „In allen Anliegen, die Bischof Wittmann empfohlen werden". Sie können unter der oben angegebenen Adresse Ihre Gebetsanliegen bekannt geben, damit sie in das heilige Opfer eingeschlossen werden können. Schließlich noch eine herzliche Bitte: Empfehlen Sie die Verehrung Bischof Georg Michael Wittmanns, des Helfers der Bedrängten und aller Notleidenden, weiter und beten Sie nach Möglichkeit täglich das Gebet um seine Seligsprechung. Möge das gemeinsame Beten so vieler treuer Verehrer bei Gott bald Erhörung finden!

Spenden zur Förderung des Seligsprechungsprozesses von Bischof Wittmann können eingesandt werden an:

Bischöfliches Konsistorium Regensburg, Konto 110 1765 (BLZ 750 903 00) Ligabank Regensburg.

Spendenzweck: Causa Bischof Wittmann.

Wir sind für jede noch so geringe Spende dankbar und sagen ein herzliches Vergelt's Gott.

„Gott mag mit mir nach seinem Wohlgefallen machen".

(Bischof Wittmann)

Tägliches Gebet um Seligsprechung des Dieners Gottes Bischof Georg Michael Wittmann

Dreieiniger Gott,
du Krone aller Heiligkeit.
Du erweckst in deiner Kirche
immer neue Heilige.
Wir bitten dich, lass deinen Diener
Bischof Georg Michael Wittmann
bald zur Ehre der Altäre erhoben werden,
damit er an deinem Throne
Bischöfen, Priestern und Gläubigen,
besonders den Vorständen
der Priesterseminare und
den Seelsorgern Vorbild und
Fürsprecher sei und damit du,
allmächtiger Gott, durch ihn
um so mehr verherrlicht wirst,
der du lebst und regierst
in Ewigkeit. Amen.

Das Grabmal Bischof Wittmanns im nördlichen Seitenschiff des Regensburger Domes. (Foto: Starzinger)

III. Gebete – Gedanken

a) Gebete

Für den Bischof

Herr Jesus Christus, du Hirt und Haupt deiner Kirche, steh unserm Bischof bei mit der Kraft deines Segens, dass er uns entflammt durch seinen Eifer, uns Vorbild ist durch seinen Wandel, uns trägt durch seine Liebe, uns stärkt durch seine Geduld, uns erhält in der Freude des Heiligen Geistes, uns segnet durch seine Gebete, uns gute Weisung gibt durch seine Lehre und uns einigt zu deinem heiligen Volk und zum lauteren Gottesdienst im Geist und in der Wahrheit.

(Johann Michael Sailer, GL 27,3)

Für die Priester

O Jesus, ewiger Hoherpriester, bewahre deine Priester im Schutz deines heiligsten Herzens, wo ihnen niemand schaden kann. Bewahre unbefleckt ihre gesalbten Hände, die täglich deinen heiligen Leib berühren. Bewahre rein ihre Lippen, die gerötet sind von deinem kostbaren Blute. Bewahre rein und unirdisch ihre Herzen, die gesiegelt sind mit dem erhabenen Zeichen deines glorreichen Priestertums. Lass sie wachsen in der Liebe und Treue zu dir und schütze sie vor der Ansteckung durch die Welt. Gib ihnen mit der Wandlungskraft über Brot und Wein auch die Wandlungskraft über die Herzen. Segne ihre Arbeiten und Mühen mit reicher Frucht und schenke ihnen einst die Krone des ewigen Lebens. Amen.

(Dieses Gebet wird der hl. Theresia von Lisieux zugeschrieben)

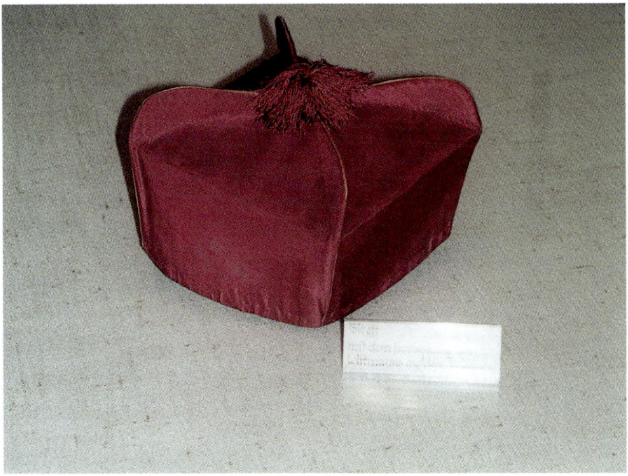

G. M. Wittmanns bischöfliches Birett. Heute im Besitz der Armen Schulschwestern von Regensburg/Niedermünster. (Bildarchiv)

Um neue und heilige Priesterberufungen

Heiliger Vater, immerwährender Quell des Seins und der Liebe, der du im lebendigen Menschen den Glanz deiner Herrlichkeit offenbarst und der du in sein Herz den Keim deines Rufes legst: Lass nicht zu, dass irgendjemand durch unsere Nachlässigkeit dieses Geschenk nicht wahrnimmt oder wieder verliert, sondern dass alle voller Selbstlosigkeit den Weg gehen können, auf dem deine Liebe Wirklichkeit wird.

Herr Jesus, der du auf deiner Pilgerschaft auf den Straßen Palästinas die Apostel erwählt und berufen hast, du hast ihnen die Aufgabe anvertraut, das Evangelium zu verkünden, den Gläubigen gute Hirten zu sein und den Gottesdienst zu feiern: Lass es in deiner Kirche auch heute nicht an zahlreichen heiligen Priestern fehlen, die allen die Erlösungsgaben deines Todes und deiner Auferstehung bringen.

Heiliger Geist, der du die Kirche durch die ständige Ausgießung deiner Gaben heiligst: Schenke den Herzen der zum Ordensleben Berufenen eine feste und innige Leidenschaft für dein Reich, damit sie ihr Leben mit einem selbstlosen und unbedingten Ja in den Dienst des Evangeliums stellen.

Heiligste Jungfrau, die du dich selbst ohne Zögern dem Allmächtigen für die Verwirklichung seines Heilsplans zur Verfügung gestellt hast: Lass die Herzen der jungen Menschen Vertrauen fassen, damit es immer eifrige Hirten gebe, die das christliche Volk auf dem Weg des Lebens führen, und gottgeweihte Seelen, die in Keuschheit, Armut und Gehorsam Zeugnis geben für die befreiende Gegenwart deines auferstandenen Sohnes. Amen.

(Papst Johannes Paul II.)

Zu Maria, der Mutter der Priester

MARIA, voll der Gnade und Mutter der Gnade, nimm dich deiner Söhne, der Priester, an, die wie du dazu berufen sind, Mitwirkende des Heiligen Geistes zu sein, der Jesus im Herzen der Gläubigen wieder zur Welt kommen lässt. Lehre sie getreue Verwalter der Geheimnisse Gottes zu sein, damit sie mit deiner Hilfe vielen Seelen den Weg der Versöhnung erschließen und die Eucharistie zur Quelle und zum Höhepunkt ihres eigenen und des Lebens der ihnen anvertrauten Gläubigen machen.

MARIA, Stern am Beginn des dritten Jahrtausends, geleite weiterhin die Priester Jesu Christi, damit sie, dem Beispiel deiner Liebe zu Gott und zum Nächsten folgend, echte Hirten seien und die Schritte aller zu deinem Sohn, dem wahren Licht, das jeden Menschen erleuchtet (vgl. Joh 1,9), hinlenken können. Mögen die Priester und durch sie das ganze Volk Gottes die liebevolle und dringliche Aufforderung hören, die du an der Schwelle des neuen Jahrtausends der Heilsgeschichte an sie richtest: „Was er euch sagt, das tut!“ (Vgl. Joh 2,5).

(Kongregation für den Klerus: Der Priester, Lehrer des Wortes, Diener der Sakramente und Leiter der Gemeinde für das dritte christliche Jahrtausend, Anhang)

Stehkreuz, in der Domsakristei geweiht von Bischof G. M. Wittmann - wie die Inschrift besagt - am 22.10.1830. Heute im Besitz der Armen Schulschwestern von Regensburg/Niedermünster.
(Foto: Rappl)

b) Gedanken des Dieners Gottes Bischof G. M. Wittmann

Unerschütterliches Gottvertrauen

„Der Christ übergibt sich in die Hände Gottes und weiß, dass bei Gott die Haare seines Hauptes gezählt sind.“[40]

„Wenn mich Jesus nur auf seiner Seite sein lässt. Er sitzt und siegt. Er ist das Lamm, das getötet steht, und ist der Löwe von Juda, der gesiegt hat.“[41]

„Die Leidenschaften wirken, solange die Welt steht. Aber nicht sie regieren die Welt, sondern das Lamm, das überwunden hat. Du fühlst den Kampf der Welt gegen Christus, das muss sein. Er hat es ausgesprochen, aber er hält sein Wort: ‚Ero vobiscum omnibus diebus‘ (‚Ich bin bei euch alle Tage‘)“.[42]

„Du schreibst von Gefahren unseres katholischen Glaubens. Ich vertraue, dass Jesus seine Kirche erhalte. Lässt Gott Sturm kommen: ‚Videte, ne turbemini‘ (‚Seht, dass ihr nicht in Verwirrung geratet‘)“.[43]

---

40 Vgl. BKR, CMW, Proc. inf., sess. 33, S. 5.
41 Vgl. ebd., S. 6
42 Vgl. ebd.
43 Vgl. ebd.

„Wer Christus und seine Macht kennt, soll nichts fürchten, sondern ruhig dulden und arbeiten. Die Dinge, die vor Gott stehen, werden auch von außen unterstützt werden."[44]

„Ich danke dir und vertraue auf deine Barmherzigkeit, dein Blut und deine Wunden. Ich sage dir Dank jetzt und in alle Ewigkeit, weil du mir Sünder barmherzig beigestanden bist."[45]

Vom geduldigen Ertragen der Leiden

„Auch einige freiwillige Ungemächlichkeiten z. B. der Witterung müssen wir ertragen. Wir müssen uns ferner hingeben an eine bestimmte Lebensordnung. Im Schlafe, Nahrung, Kleidung und Wohnung müssen wir eine bestimmte Ordnung haben. Wozu das viele Beten, Lesen, Studieren? Es treten Versuchungen und Trübsale ein und da zeigt sich das Ausharren."[46]

44 BKR, CMW, Proc. inf., sess. 34, S. 3.
45 Vgl. ebd., S. 4.
46 Vgl. Sintzel, Michael (Hrsg.): Wittmann Exercitien, S. 227.

Über das Gebet

„Wer (als Priester) das Brevier[47] *nicht betet, ist ein Ungläubiger. Es hat freilich oft etwas Beschwerliches, wenn man unterwegs gehindert ist und soll die Nacht verwenden: aber nur treu! Gott lohnet diese Treue mit einer seligen Freude!“*[48]

Über das Schulgebet

„Lehrern, die zu stolz sind, um zu beten, werden die Engel der Kinder widerstehen.“ [49]

> *„Überlass dich Gottes Fügungen bis zum Tode!“*
> (Bischof Wittmann)

47 Als Brevier bezeichnete man früher das Gebetbuch der Priester. Seit der Liturgiereform des II. Vatikanischen Konzils wird es als „Feier des Stundengebetes“ bezeichnet und dient zur Heiligung der einzelnen Tagzeiten. Seinen Kern bilden die Psalmen Davids, welche mit Hymnen, Lesungen aus der Heiligen Schrift und geistlichen Texten aus der Lehre der Heiligen das amtliche Gebet der Kirche darstellen.

48 Vgl. Lehner, Johann B.: Michael Wittmann, S. 102.

49 Ebd., 176.

Über die Tugend der Hoffnung

„Ich meine, niemals eine Hoffnung auf den Menschen gesetzt zu haben. In meinen Arbeiten, vornehmlich im Seminar, in der Schule, auf der Lehrkanzel, im Beichtstuhl, in der Kirche, in der Unterstützung der Armen, hoffe ich meistens auf dich, o Jesus, auf dich allein. Es scheint mir, dass ich auf Geld, Ehre und eigene Klugheit kein Vertrauen habe, jedoch fürchte ich von Seite der Menschen allzu viel. Ich wünsche durch die Straßen zu schreiten ohne Grüße zu geben und zu empfangen, ich wünsche auch die ärmlichste Kleidung."[50]

> Jesus Christus spricht: Die Ernte ist groß, aber es gibt nur wenig Arbeiter. Bittet also den Herrn der Ernte, Arbeiter für seine Ernte auszusenden. Geht! Ich sende euch wie Schafe mitten unter die Wölfe. Nehmt keinen Geldbeutel mit, keine Vorratstasche und keine Schuhe! Grüßt niemand unterwegs! (Lk 10,2 ff.)

50 Vgl. BKR, CMW, Proc. inf., sess. 33, S. 3 f.

Bischof-Wittmann-Foyer im Kloster der Armen Schulschwestern Regensburg/Niedermünster. *(Foto: Rappl)*

„Wir würden sündigen gegen die Hoffnung
1. wenn wir zaghaft würden über die vielen Untreuen und Beleidigungen Gottes, die wir beim täglichen Examen an uns finden, oder wenn wir zaghaft würden am Todbette, wo uns der böse Feind die Zahlen unserer Sünden und die gegebenen Ärgernisse, welche vielleicht gar nicht zu zählen sind, vorhält. Wir müssen auch hierin fest auf Christus hoffen; aber nicht vermessen darf die Hoffnung auf Gott sein, weil uns Christus zweimal so nachdrücklich einschärft: ‚Nisi poenitentiam egeritis' – ‚wenn ihr nicht Buße tut' (Lk 13,3.5).
2. Wenn wir zaghaft würden in der Erfüllung unserer Berufsgeschäfte. Gott kann aus unseren Arbeiten machen, was er will.
3. Wenn wir zaghaft würden bei Stürmen, welche über die Kirche hereinbrechen. Wir haben ein ganzes benachbartes Königreich vom Glauben abfallen, zwei Päpste im Gefängnis sterben, Bistümer mit einem Federstrich vernichten sehen, - des ungeachtet regiert doch Christus."[51]

„Die Gerichte Gottes sind gerecht; ich bitte Gott um Standhaftigkeit, ein Opfer für die heilige Kirche will ich gern sein und es lebt die Hoffnung in mir, dass die hiesige Kirche in hohen, kommenden Wasserströmen katholisch bleiben wird."[52]

---

51 Vgl. ebd., S. 4.
52 Vgl. BKR, CMW, Proc. inf., sess. 34, S. 2.

Über die Liebe

„Dazu gehört viel, dass wir Gott, unseren Herrn und Schöpfer, unseren Erlöser und Heiligmacher so lieben, wie er es von uns verlangt. Jesus sagt: ‚Wer meine Gebote hat und sie hält, der ist es, der mich liebt.' Wenn wir also nach Gottes Willen leben, seine heiligen Lehren befolgen, seine Gebote erfüllen, so lieben wir ihn in Wahrheit und wir werden dann auch von ihm geliebt werden und Gnade und Segen von ihm ernten."[53]

„Zeichen für die Liebe des Herrn in uns sind das Gebet und die Freude an göttlichen Dingen, das Streben nach rechter Erkenntnis Gottes und seiner selbst, Verachtung und Geringschätzung alles Zeitlichen und innige Sehnsucht nach dem Ewigen."[54]

„Vater der göttlichen Liebe! Gib mir ein Herz voll Eifer und Andacht, voll Sehnsucht und Liebe zu dir, damit ich in allen Dingen nur dich suche."[55]

---

53 Vgl. BKR, CMW, Proc. inf., sess. 35, S. 3.
54 Ebd.
55 Vgl. ebd.

Schatulle mit Teil der Sterbedecke Bischof Wittmanns. Heute im Besitz der Armen Schulschwestern von Regensburg/Niedermünster. *(Foto: Rappl)*

Über das Lesen und Betrachten der Heiligen Schrift

„Soll die Exegese (Schriftauslegung) beim Volke Nutzen schaffen, so muss man sie im Stande der Gnade vortragen.“[56]

„Lies eifrig und demütig die Heilige Schrift! Ist dir eine Wahrheit vonnöten, so wird sie dir Gott in seiner Barmherzigkeit offenbaren!“[57]

---

56 Vgl. Lehner, Johann B.: Michael Wittmann, S. 133.
57 Ebd., S. 133 f.

„Menschen, die weder in der Gottseligkeit noch in den Wissenschaften wohlbegründet sind, nützt 1) das Lesen in der Heiligen Schrift nichts; 2) schadet es im Gegenteile ihnen und 3) anderen; denn sie verstehen sie nicht und wissen sie auch nicht anzuwenden. Ebenso können sie auch die Schrift nicht lesen aus der Salbung des Heiligen Geistes, weil der nicht in ihnen wohnt; also nützt ihnen das Lesen derselben nichts. Im Gegenteile findet in der Heiligen Schrift jeder alles. Ungebildete und in der Frömmigkeit noch unbegründete Menschen werden vielleicht in ihren Irrtümern und Lastern durch die Heilige Schrift bestärkt, statt dass sie von ihnen abgezogen werden sollten. Überdies erheben sie sich einer solchen Lesung halber ungebührlich; glauben, alles zu wissen und verführen sie entweder oder verwirren sie. Es ist demnach für die öffentliche Gottseligkeit sehr gut gesorgt, dass im Volke die Heilige Schrift nur von Frommen und Demütigen, die hieraus Nutzen schöpfen können, gelesen wird. Die Seelsorger, Pfarrer oder Beichtväter werden also nicht jedem, den sie zu Gott führen wollen, das Lesen der Heiligen Schrift anraten; vielmehr werden sie freche und hoffärtige Menschen davon solange abhalten, bis sie durch Ablegung ihrer Laster und Annahme einer gottseligen Demut den Geist zur Lesung zubereitet haben“.[58]

---

58 Vgl. Wittmann, Michael: Katholische Prinzipien von der heiligen Schrift. Aus dem Lateinischen übersetzt von dem Herausgeber der Werke des heiligen Kirchenvaters Johannes

„Die Heilige Schrift kann nicht verstanden werden außer von dem, der den Geist des Schreibenden zu schätzen weiß. Ein billiger (rechter) Schätzer des frommen Geistes kann nur der sein, der auch selbst fromm ist.“[59]

„Vieles ist in der Heiligen Schrift von den heiligen Schriftstellern in ein Dunkel gehüllt, so dass niemand es ohne göttliche Belehrung versteht.“[60]

Klimakus, Landshut 1834, S. 146 ff. Die oben angeführte Bemerkung muss um so mehr in Staunen versetzen, da Bischof Wittmann als großer Förderer der Schriftlesung und Bibelverbreitung weit über die Grenzen des Bistums Regensburg hinaus im ganzen deutschen Sprachraum bekannt war. Als Kenner des geistlichen Lebens und eifriger Seelsorger wusste er aus eigener Erfahrung um die Gefahr falscher, unkirchlicher Schriftauslegung.

59 Vgl. ebd., S. 133.

60 Vgl. ebd.

Bischofszimmer auf dem Finkenhammer mit Dokumentation und Ausstellungsgegenständen über das Leben G. M. Wittmanns.
(Foto: Starzinger)

„Wenn du die Heilige Schrift verstehen willst, so bewahre dir ein von göttlicher Liebe brennendes Herz und vertreib alle Düsterheit (Niedergeschlagenheit) und Trägheit aus deinem Geist.“[61]

61 Vgl. ebd., S. 136.

„Mäßig und stille müssen also diejenigen leben, die die Heilige Schrift auslegen wollen. Man muss die Hoffart, das Verlangen nach Auszeichnungen, Ehrenstellen, Reichtum und Wollust ablegen, um stets nur zu beabsichtigen, Gott allein zu dienen."[62]

„Wenn man sagt, dass in den Dingen der Heiligen Schrift ein mystischer Sinn verborgen sei, so erscheinen auch Kleinigkeiten ehrwürdig. Und weil der mystische Sinn sehr zweifelhaft ist, so muss man mit größerer Demut die Heilige Schrift lesen und wegen unserer Unwissenheit zu Gott um Erleuchtung flehen."[63]

62 Vgl. ebd., S. 137.
63 Vgl. ebd., S. 269 f.

„Übrigens sehen alle, denen das Studium der Schrift Muße oder Pflicht halber obliegt, wie notwendig eine fleißige Lesung der alten Väter[64] *sei. Diese Lesung ist wie ein Gebet. Denn aus ihr kommt der Geist Jesu Christi, gottseliger Unterricht, Standhaftigkeit, die kein Ungemach erschüttert, Sorge für fremdes Seelenheil, Eifer in eigener Abtötung.*[65]

> *„Das Kreuz, das vorher verachtet, glänzt jetzt auf kaiserlichen Kronen.“*
>
> (Bischof Wittmann)

---

64 Unter ihnen versteht man die altchristlichen Theologen und Bischöfe als Lehrer des Glaubens (Klemens v. Alexandrien, Eusebius, Cyprian, Tertullian, Hippolyt, Polykarp, Hieronymus, Athanasius u. a.) Sie gelten als Übermittler und Zeugen der kirchlichen Lehre und der Rechtgläubigkeit. Ihre Werke sind nachzulesen in der „Bibliothek der Kirchenväter“.

65 Vgl. Wittmann, Michael: Katholische Prinzipien, S. 181.

Verehrung der heiligen Engel

„O guter Engel, dem ich von Gott anvertraut bin, du Engel des Friedens, des Gebetes, der Tränen (Buße), der Keuschheit, der unüberwindlichen Stärke im Kampfe. Ich möchte aufzählen, was du mir getan hast, aber ich kann nur den hundertsten Teil davon erwähnen."[66]

„Die Zukunft wissen wir nicht. Der Engel, von dem wir uns leiten lassen, weiß sie besser. Die Entschließungen, die ich im Gebet gemacht habe, habe ich noch nie bereut, obwohl hie und da die allernächsten Folgen widrig schienen. Ich wünsche im Bekenntnis Jesu und seines katholischen Glaubens in aller Widrigkeit zu bestehen."[67]

66 Vgl. BKR, CMW, Proc. inf., sess. 33, S. 2.
67 Vgl. BKR, CMW, Proc. inf., sess. 34, S. 1.

Über das christliche Sterben

„Es gibt einige Christen, die nehmen es mit dem Sterben so ernstlich nicht, sie glauben, sie könnten sich wohl auch noch auf dem Krankenbette dazu vorbereiten. Aber sie betrügen sich.
Der Tod ist gemeiniglich wie das Leben. Es wäre ein Wunder, wenn ein Mensch Unkraut ausgesäet hätte, und am Ende in der Ernte Weizen einschnitte. Es ist ein gerechtes Gesetz Gottes, dass ein Sterbender sich selbst vergesse, der in seinem Leben Gott vergessen hat.“[68]

Bischof Wittmanns Sterbekreuz.
(Bildarchiv)

68 Vgl. Michael Wittmann, Predigten, S. 11 f.

Was wir von Gott erwarten dürfen

„Was dürfen wir von Gott mit ganz zuversichtlicher Gewissheit hoffen? Nicht Gesundheit, nicht ein langes Leben, nicht Ehre vor den Menschen, nicht Reichtum und Wohlleben, nicht Gemächlichkeit des Lebens ist es, was Gottes Weisheit uns zusendet. Nein. Denn nicht selten sind diese Güter der Welt zu unserem Verderben und Untergange, nicht selten führen sie den Menschen vom Wege der Tugend ab und leiten ihn hin auf die Bahn des Lasters und Verderbens. Es sind dies Gaben weit höherer Art, welche Gottes Güte und Barmherzigkeit uns armen Menschenkindern zukommen lässt. Es ist seine Gnade und Barmherzigkeit, gütige Verzeihung und Vergebung unserer Sünden, Kraft und Stärke, Segen und Frieden, Trost, den er uns zum Kampf wider das Böse, zum Siege über die Welt und ihre Eitelkeiten, zur Standhaftigkeit und zur Vollendung unserer Mühseligkeiten sendet; es ist sein göttlicher Beistand, den er uns in der öfteren Vereinigung mit seinem Sohne Jesus Christus zuteil werden lässt; es ist sein Heiliger Geist, der uns bei allen unseren Handlungen leitet und unterstützt; es ist seine göttliche Liebe, die er in unsere Herzen ausgießt und uns Trost und Ruhe in allen Verhältnissen gewährt; es ist Zufriedenheit in allen Dingen, die da über uns kommen, so dass wir uns nicht ängstlich um den morgigen Tage bekümmern werden, sondern fest auf ihn vertrauen, denn er lässt uns nicht zuschanden werden. Es ist endlich sein göttlicher Beistand im Tode, wo alle menschliche Hilfe verschwindet.“[69]

Das Regensburger Peterskirchlein unweit des Hauptbahnhofes. Dompfarrer Wittmann errichtete es als Friedhofskirche. Am 8. September 1806 wurde sie durch Weihbischof Wolf eingeweiht.
(Foto: Starzinger)

69 Vgl. BKR, CMW, Proc. inf., sess.34, S. 5 f.

Allgemeine Aussprüche Bischof Wittmanns

„Wir müssen zwar in der Welt leben, aber der Herr kann uns bewahren. Damit wir uns aber davor in Acht nehmen, so sollen wir täglich geistliche Lesung haben und so finden wir den Unterschied zwischen Welt und Christus. Nächtliches Gebet darf nicht ausbleiben. Dass wir dabei Verachtung zu erdulden haben, versteht sich von selbst."[70]

„Ich meines Teils halte diejenigen, die ich kann, im Beichtstuhl, in der Schule und im Predigen zum Bußetun und zum Beten, zum öfteren Empfang der hl. Sakramente und zur täglichen Verehrung der seligsten Jungfrau Maria an."[71]

„Haben wir den Glauben und die Liebe, so haben wir auch den Frieden."[72]

*„**Gute** Geistliche brauchen wir!"*[73]

---

70 Vgl. Sintzel, Michael (Hrsg.): Wittmann Exercitien, S. 240.
71 Vgl. Mittermüller, Rupert: Leben und Wirken, S. 158.
72 Sintzel, Michael (Hrsg.): Wittmann Exercitien, S. 231.
73 Lehner, Johann B.: Michael Wittmann, S. 100.

Wittmann-Bildnis im Besitz der Armen Schulschwestern von Regensburg/Niedermünster. (Foto: Rappl)

„Die guten Geistlichen halten es mit den vielen Heiligen der katholischen Kirche, mit der Glaubenslehre und den Gesetzen der katholischen Kirche."[74]

„Das Gebet ist beim guten Geistlichen eine Hauptbeschäftigung. Morgen- und Abendgebet, die heilige Messe, Breviergebet, Betrachtung, geistliche Lesung, Gebet in der Schule etc. unterlässt er nicht."[75]

„Wo immer ich ein wenig Muße oder Aufschub habe und warten muss, höre ich die Anmahnung zum Gebete, und wenn ich auch nur eine Minute auf dem Wege gehe und nicht bete, so falle ich vom Heiligen Geiste ab."[76]

74 Sintzel, Michael (Hrsg.): Wittmann Exercitien, S. 35.
75 Ebd., S. 37.
76 Vgl. BKR, CMW, Proc. inf., sess. 33, S. 3.

„Menschliche Klugheit beschäftigt sich viel mit Ehresuchen, Lob- und Beifallsuchen, mit Vermeidung schwerer Dinge, Misshandlungen, Beschädigungen etc., mit Vorsicht für kommende widrige Zufälle. Nach der Lehre Christi dürfen wir uns mit diesen Sachen nicht abgeben.“[77]

Jesus Christus spricht: Sorgt euch nicht um euer Leben und darum, dass ihr etwas zu essen habt, noch um euren Leib und darum, dass ihr etwas anzuziehen habt. Seht euch die Vögel des Himmels an: Sie säen nicht, sie ernten nicht; euer himmlischer Vater ernährt sie. Seid ihr nicht viel mehr wert als sie? Euer himmlischer Vater weiß, dass ihr das alles braucht. Euch aber muss es zuerst um sein Reich und um seine Gerechtigkeit gehen; dann wird euch alles andere dazugegeben. (Vgl. Mt 6,25 ff.)

„Wir müssen zwar in der Welt leben, aber der Herr kann uns bewahren; so sollen wir täglich geistliche Lesung haben; und so finden wir den Unterschied zwischen Welt und Christus. Wir sind hineingeworfen in die Welt; Meditation, auch nächtliches Gebet darf nicht ausbleiben. Dass wir dabei Verachtung zu erdulden haben, versteht sich von selbst.“[78]

---

77 Sintzel, Michael (Hrsg.): Wittmann Exercitien, S. 7 f.
78 Vgl. ebd., S. 240.

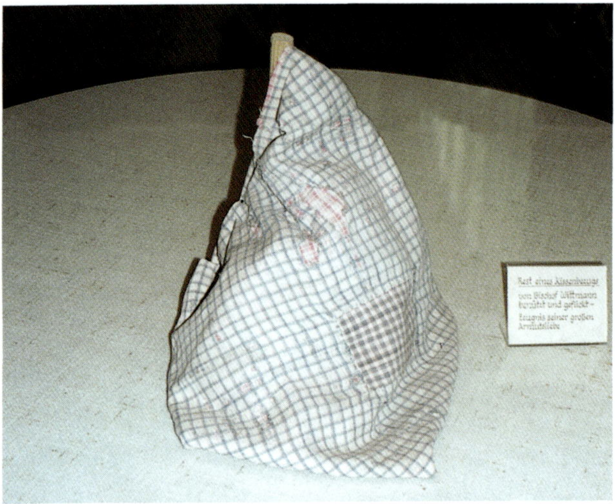

Zusammengenähter Bezug eines Kopfkissens: Beweis der Armut und Einfachheit des heiligmäßigen Bischofs Wittmann. Heute im Besitz der Armen Schulschwestern Regensburg/Niedermünster.
(Bildarchiv)

„Lass mich nicht Diener der Welt, des Volkes oder des Teufels oder meines Stolzes oder meiner selbst sein! Dir will ich dienen in deiner heiligen Kirche und in deinem Heiligen Geist.“[79]

---

79 Vgl. BKR, CMW, Proc. inf., sess. 30, S. 2.

„Bischöfe, Klerus und Papst miteinander vereinigt, werden die Stürme der Zeit aushalten.“[80]

„Wenn unter den Geistlichen auch einige nicht apostolische dastehen, so fügt es der Herr schon so, dass hie und da ein Licht in die Mitte gestellt wird. Die Leute sehen auf dieses Licht hin, erbauen sich und erstarken im katholischen Leben. So regiert der Herr seine Kirche wunderbar.“[81]

„Ich habe die feste Zuversicht, dass Jesus selbst mir den Glauben gegeben habe, weil er in der Messe auf mich herabsieht, weil ich das Gepränge und die Geschwätzigkeit der Welt hasse, weil ich bei jeder Schwierigkeit zum Herrn allein aufblicke, weil mir der Herr Liebe zur Armut schenkte und mir bei Schmach Frieden und Trost gewährte.“[82]

---

80 Mittermüller, Rupert: Leben und Wirken, S. 65.
81 Vgl. ebd., S. 66.
82 Vgl. ebd., S. 252 f.

„Ich habe das Gebot des Herrn, in jeder Nacht, keine ausgenommen, zu beten, und werde weder durch Müdigkeit, noch durch Traurigkeit, noch durch eine Überschreitung des bestimmten Maßes der Nahrung davon entschuldiget.“[83]

„Bleiben wir katholisch!“[84]

Büste Bischof Wittmanns in seinem Sterbezimmer/Obermünster. (Bildarchiv)

83 Vgl. ebd., S. 263.
84 Ebd., S. 67, Anm. 2.

IV.
Kirchliche Verlautbarungen über das katholische Priestertum

Das Ziel des priesterlichen Dienstes

*Das Ziel also, auf das Dienst und Leben der Priester ausgerichtet sind, ist die Verherrlichung Gottes des Vaters in Christus. Diese Verherrlichung besteht darin, dass die Menschen die in Christus vollendete Tat Gottes bewusst, frei und dankbar annehmen und in ihrem ganzen Leben kundtun. Ob die Priester sich darum dem Gebet und der Anbetung hingeben, ob sie das Wort verkünden, das eucharistische Opfer darbringen und die übrigen Sakramente verwalten oder den Menschen auf andere Weise dienen, immer fördern sie die Ehre Gottes und das Wachstum des göttlichen Lebens im Menschen. All dies entströmt dem Pascha Christi des Herrn und erfährt seine Vollendung bei dessen glorreicher Ankunft, wenn er selbst das Reich Gott, dem Vater, übergeben hat.
(Aus dem Priesterdekret des II. Vatikanischen Konzils „Presbyterorum Ordinis", Nr. 2)

*Alles Handeln des Priesters zielt dahin, die Kirche zu lieben und ihr zu dienen, und ist gleichzeitig darauf ausgerichtet, immer mehr zu reifen in der Liebe zu und im Dienst für Jesus Christus, der Haupt, Hirte und Bräutigam der Kirche ist.
(Nachsynodales Apostolisches Schreiben *Pastores dabo vobis* von Papst Johannes Paul II., Nr. 25)

Die Berufung der Priester zur Vollkommenheit

Das Weihesakrament macht die Priester Christus, dem Priester, gleichförmig. Denn sie sind Diener des Hauptes zur vollkommenen Auferbauung seines ganzen Leibes, der Kirche, und Mitarbeiter des Bischofsstandes. Schon in der Taufweihe haben sie, wie alle Christen, Zeichen und Geschenk der so hohen gnadenhaften Berufung zur Vollkommenheit empfangen, nach der sie, bei aller menschlichen Schwäche, streben können und müssen, wie der Herr sagt: „Ihr aber sollt vollkommen sein, wie euer Vater im Himmel vollkommen ist" (Mt 5,48). Als Priester sind sie jedoch in besonderer Weise zum Streben nach dieser Vollkommenheit verpflichtet. Denn im Empfang des Weihesakramentes Gott auf neue Weise geweiht, sind sie lebendige Werkzeuge Christi, des ewigen Priesters, geworden, damit sie sein wunderbares Werk, das mit Kraft von oben die ganze menschliche Gesellschaft erneuert hat, durch die Zeiten fortzuführen vermögen. Jeder Priester vertritt also, seiner Weihestufe entsprechend, Christus. Darum erhält er auch die besondere Gnade durch den Dienst an der ihm anvertrauten Gemeinde und am ganzen Volk Gottes besser der Vollkommenheit dessen nachzustreben, an dessen Stelle er steht, und für die Schwäche seiner menschlichen Natur Heilung in der Heiligkeit dessen zu finden, der für uns ein „heiliger, unschuldiger, unbefleckter, von den Sünden geschiedener" Hoherpriester (Hebr 7,26) geworden ist.

(Priesterdekret des II. Vatikanischen Konzils „Presbyterorum Ordinis", Nr. 12)

Wer ist der Priester?

Der Priester findet die volle Wahrheit seiner Identität darin, sich von Christus herzuleiten, in besonderer Weise an Christus teilzuhaben und eine Weiterführung Christi, des einzigen Hohenpriesters des neuen und ewigen Bundes, zu sein: Er ist ein lebendiges und transparentes Abbild des Priesters Christus.

(Nachsynodales Apostolisches Schreiben *Pastores dabo vobis* von Papst Johannes Paul II., Nr. 12)

Priesterliche Vollmacht

Wie das Leben Christi, so muss auch dasjenige des Priesters ein Leben sein, das in Christi Namen der maßgeblichen Verkündigung des liebevollen Willens des Vaters geweiht ist (Vgl. Joh 17,4; Hebr 10,7 – 10). Das war die Haltung des Messias: Die Jahre seines öffentlichen Wirkens waren dem Vollbringen (Apg 1,1) von Taten und dem Lehren gewidmet, wobei er „wie einer lehrte, der (göttliche) Vollmacht hat“ (Mt 7,29). Diese Vollmacht gab ihm sicherlich an erster Stelle seine göttliche Herkunft, aber in den Augen der Menschen auch sein aufrichtiges, heiligmäßiges, vollkommenes Handeln. In gleicher Weise muss der Priester mit der objektiven geistlichen Autorität, die er kraft seiner Weihe besitzt, die subjektive Autorität verbinden, die aus seinem aufrichtigen und heiligmäßigen Leben, aus seiner pastoralen Liebe (...) stammt.

(Kongregation für den Klerus: Der Priester, Lehrer des Wortes, Diener der Sakramente und Leiter der Gemeinde für das dritte christliche Jahrtausend, Kap. 1, Nr. 2)

Michael Wittmann, Biſchof von Mileto-
polis ernannter Biſchof von Regensburg.
Gezeichnet und geſtochen von Joh. Bichtel in Regensburg.

Bischof Wittmann segnet die Gläubigen vom Altar aus.
(Bildarchiv)

Die Mitte des priesterlichen Lebens

Es gibt nämlich einen innigen Zusammenhang zwischen der Zentralität der Eucharistie, der pastoralen Liebe und der Einheit des Lebens des Priesters, welcher durch sie entscheidende Weisungen für den Weg der Heiligkeit erhält, die zu erlangen er auf besondere Weise berufen ist.

Wenn der Priester durch den eigenen Dienst, Christus, dem ewigen Hohenpriester, Intelligenz, Willen, Stimme und Hände anbietet, damit er dem Vater das sakramentale Opfer der Erlösung darbringen kann, soll er sich die innere Einstellung des Meisters zu eigen machen und wie er als „Geschenk" für seine eigenen Brüder leben müssen. Deshalb muss er lernen, sich mit der Opfergabe innig zu vereinen, indem er auf dem Opferaltar sein ganzes Leben als sichtbares Zeichen der freien und zuvorkommenden Liebe Gottes darbringt.

Es ist notwendig, an den unersetzlichen Wert zu erinnern, den die tägliche Zelebration der hl. Messe für den Priester hat, auch wenn dafür keine Gläubigen zusammenkommen sollten. Er wird sie als den zentralen Moment des ganzen Tages und des täglichen Dienstes erleben, als Frucht ehrlicher Sehnsucht und als Gelegenheit zur tiefen und wirksamen Begegnung mit Christus.

(Kongregation für den Klerus: Directorium für Dienst und Leben der Priester, Nr. 48)

V. Anhang

Wirken und Persönlichkeit Bischof Wittmanns nach den Worten einiger Zeitgenossen

Der Hauptpunkt seines Lebens . . .

„Was war der Hauptpunkt im Leben des Seligen, der sein ganzes Innerstes ergriff? Es war sein gottgeheiligtes Leben. Während er in echt katholischem Sinne nach außen wirkte, verlor er nie die Einkehr in sein eigenes Inneres, das eine Wohnstätte des Heiligen Geistes war. Daraus schöpfte er an der Hand des demütigen Glaubens das Mark seiner Reden. Reinen Herzens wie er war, konnte er nicht ohne Christus sein."

(Fürst Alexander von Hohenlohe)

Er wollte keinen in das Unglück bringen . . .

„Er wollte keinen Menschen in das Unglück bringen, vielmehr tat er so viel Gutes, als er konnte. Er wirkte keine Wunder wie Jesus und konnte aus Wasser keinen Wein machen, jedoch wenn er einen Kranken wusste, dessen Gesundheit durch ein stärkendes Glas Wein aufgerichtet werden konnte, so bezahlte er den Wein oder die heilbringende Arznei.

Er konnte zwar die Blinden nicht sehend machen, jedoch brachte er viele, auf finsteren und schlechten Wegen Verirrte durch geistreiche Ermahnungen zur Vernunft.
Er konnte zwar keine Toten aus dem Grabe auferwecken, aber manche hat er durch Religionszusprüche von der Verzweiflung und vom Selbstmord zurückgehalten.
Wie viele Menschen konnte man beim Denkmal des Herrn Bischofs Wittmann sagen hören: ‚Hier sehe ich meinen Wohltäter wieder. Er hat uns Brot gekauft und für unsere Kinder in der Schule selbst gekocht'".

(Der königliche Salzamtsschreiber Sebastian Hosang)

Bett von Bischof Wittmann. *(Bildarchiv)*

„Er ging vorüber, Wohltaten spendend“

Die erste, bedeutendste und wohl auch ergreifendste Zusammenstellung und Würdigung des Lebens und Wirkens Bischof Wittmanns bietet uns die klassische Trauerrede des Regensburger Domkapitulars Melchior von Diepenbrock († 1853), des späteren Kardinals und Fürstbischofs von Breslau, die dieser am 2. April 1833 im Regensburger Dom auf Wittmann hielt. Sie gibt in unbestechlicher Weise jenen Eindruck wieder, den die Persönlichkeit und das heiligmäßige Leben und Sterben des Dieners Gottes seinen Zeitgenossen hinterlassen hat.

Trauerzug durch die Straßen Regensburgs mit dem Sarg Bischof Wittmanns. (Zeitgenössischer Stich. Foto: Starzinger)

Trauerrede

auf den verstorbenen Hochwürdigsten Herrn
Georg Michael Wittmann
Dr. der Theologie, Bischof von Miletpolis,
ernannten Bischof von Regensburg,
Domprobst, General-Vikar und Direktor des
bischöflichen Klerikal-Seminars,
Ehrenmitglied des königl. Bayer. Ludwigs-Ordens

gehalten in der Domkirche zu Regensburg bei dem
dritten Trauergottesdienst
den 2. April 1833,
von Melchior Diepenbrock, Domkapitular

Pertransiit benefaciendo. Act. X. 38 [85].

Seit fünf und vierzig Jahren wandelte täglich zu gewissen Stunden durch die Straßen Regensburgs mit eilfertigem Schritte ein Mann in altpriesterlicher Kleidung, mit gesenktem Haupt und Blick, ehrerbietig gegrüßt von jedermann, und freundlich liebreich wiedergrüßend einen jeden; nicht selten von einer Schaar Kinder begleitet, die an seinen

85 Die Trauerrede erschien gedruckt in Stadtamhof ohne genaue Jahresangabe. Das Original (wohl aus dem Jahr 1833) befindet sich im Archiv der Abteilung für Selig- und Heiligsprechungsprozesse beim Bischöflichen Konsistorium für die Diözese Regensburg (CMW, Proc. Inf. Adjuncta 101-231, Nr. 144). Diese Würdigung auf Bischof Wittmann soll hier erstmals wieder den Verehrern des Dieners Gottes zugänglich gemacht werden. Rechtschreibung und Interpunktion des Originals wurden belassen.

schwarzen Mantel sich anklammerten. Sein Weg führte ihn durch die abgelegensten Gassen, in die Häuser der Armen und Kranken, in die Spitäler, in die Schulen und Kirchen. Sein eilfertiger Gang, sein gesammeltes Wesen verrieth, daß er in höherem Auftrag und Dienst einherschritt; und wo er erschien, verbreitete sich Ernst, Ehrfurcht und Friede. So haben wir Alle ihn tagtäglich umherwandeln sehen, und erst seit wenigen Wochen sehen wir ihn nicht mehr; er wandelt nicht mehr unter uns: Bischof Wittmann ist todt!

Vor drey Wochen haben sie ihn – seine Leiche – noch einmal in langem feyerlichem Zuge durch dieselben Straßen getragen, die seine Füße so oft segenbringend betreten hatten; und viele tausend Menschen waren zusammengeströmt, den feyerlichen Zug zu sehen, und mit nassen Augen noch einmal den Sarg zu begrüßen, der seine irdische Gestalt umschloß; und die Mütter trugen ihre Säuglinge auf den Armen, um ihnen dereinst als lebenslängliche Erinnerung einschärfen zu können, daß auch sie bey dem Leichenzuge des unvergeßlichen Mannes zugegen gewesen; und viele Thränen wurden geweint über seinen Tod, vielleicht so viele, als der Mann deren in seinem Leben getrocknet hatte; und endlich haben sie ihn dort eingesenkt in die dunkle Gruft; und wenn ihr die Stätte suchet, ihr erkennet sie leicht an den Betenden, die auf den harten, kalten Steinen knieen und sie mit ihren Thränen erweichen, mit ihren Seufzern erwärmen möchten.

Und was ist denn der Grund dieser allgemeinen Trauer? Es ist das Gefühl, daß mit diesem Manne Unersetzliches verloren gegangen, daß ein lebendiger Quell des Segens versiegt ist in seinem Tode, daß eine Säule zu Grabe gesunken, die so viel Heiliges getragen, auf die so viel Gutes sich gestützt hat. Und dieses Gefühl ist keine Täuschung, es ist Wahrheit, bittere Wahrheit.

Aber dennoch ziemt es sich nicht für Christen, - und als solche sind wir hier versammelt – uns mit blindem Schmerze in eine hoffnungslose Trauer zu versenken, denn unser Gott ist nicht ein Gott der Todten, sondern der Lebendigen, und wenn die Haare unseres Hauptes vor Ihm gezählt sind, so sind es gewiß auch die Tage des Gerechten, und der letzte Herzschlag desselben liegt wie alle früheren in Gottes Hand.
Unsre Trauer über eines Solchen Tod wird aber dadurch eine erleuchtete, eine des Christen würdige, heilsame Trauer werden, wenn wir dankbar erwägen, was die Erbarmung Gottes an dem Dahingegangenen uns gegeben hatte, und wenn wir das segenvolle Andenken an ihn und seine Tugenden in treuer Erinnerung bewahren.

Es ist die Weise Gottes in der Erhaltung und Förderung seines Reiches auf Erden – so zeigt es die Geschichte von jeher, - daß Er durch Menschen auf die Menschen wirkt, und wir dürfen uns nicht wundern über diese Weise, da Gott selbst Mensch geworden ist, um den Menschen das Heil zu bringen. Wohl wirket der Geist Gottes seit dem ersten Pfingstfeste unsichtbar in seiner Kirche fort, aber Er wirket durch einzelne Menschen auf die Vielen, die dort am Pfingstfeste durch die zwölf Apostel auf die Dreytausend; und wenn Er einen Hauptmann Cornelius, einen Schatzmeister der äthiopischen Königin und einen Saulus innerlich erleuchtet, so weist Er sie zugleich äusserlich an einen Petrus, einen Philippus, einen Ananias an. Darum hat es in der Kirche zu jeder Zeit und an allen Orten einzelne Menschen gegeben, und wird sie geben, die als die Träger des Heiligen, als die Zeugen des Ewigen in ihrer Zeit dastehen, den hohen Gebirgen der Erde darin vollkommen ähnlich, daß sie den verirrten Wanderern der Ebene als Richtpunkte dienen, daß sie die Gewalt zerstörender Winde brechen, daß sie in ihrem Innern die edelsten

Metalle erzeugen, daß sie auf ihren Gipfeln die Wasser des Himmels sammeln, um sie an ihrem Fuße als befruchtende Bäche und Flüsse nach allen Richtungen in die Niederungen ausströmen.

Zu diesen Gottesmännern, die als das wahre Salz der Erde das Geschlecht vor Fäulniß und Versumpfung bewahren, gehört unstreitig für die hiesige Stadt und Gegend Georg Michael Wittmann, dessen Todesfeyer uns heute noch einmal hier versammelt hat.

Die Geschichte seines äussern Lebens ist höchst einfach, aber überall mit dem Stempel innerer Geistesgrösse unverkennbar bezeichnet. Er ist geboren den 23. Januar 1760[86] auf dem Finkenhammer bei Pleistein in der Oberpfalz, aus einer nicht unbemittelten Familie, in welcher aber christliche Gesinnung noch immer das schönste Erbtheil ist. Schon in der frühesten Jugend bemerkte man an dem Knaben eine auffallende Liebe zur Einsamkeit. Im zehnten Jahre kam er zu einem frommen Pfarrer nach Mißbrunn, und dort fand man ihn öfter in der Hauskapelle eingeschlossen, wo er, anstatt kindischen Spieles, gottesdienstliche Gebräuche übte; sehr oft hörte man als Kind ihn einsam predigen, wenn er sich unbelauscht glaubte. Von da kam er in die lateinische Schule nach Amberg, und genoß hier noch mehrere Jahre den trefflichen Unterricht der Jesuiten. Wenn er in den Ferien zu seinen Eltern heimkehrte, wurde ihm ein einsames Kämmerchen zum Studieren und Beten eingeräumt, das er dann auch selten verließ, und

86 Domkapitular Diepenbrock irrt hier bei der Angabe des Geburtsdatums. Georg Michael Wittmann war geboren am 22. Januar 1760 und empfing am 23. Januar desselben Jahres das Sakrament der heiligen Taufe.

Das Innere der Hauskapelle auf dem Finkenhammer. Gerne betete hier Wittmann als Kind und hielt seine ersten „Predigten".
(Foto: Starzinger)

niemals eine Gesellschaft besuchte. Diese Liebe zur Einsamkeit, das Merkmal einer großen, ernsten Seele, ist ihm sein ganzes Leben hindurch bis zum Tode eigen geblieben, und nur durch sie konnte er werden, was er war, der Bürger und Zeuge einer andern Welt, als die auf dem Marktplatze des Lebens ihr vergängliches Spiel treibt.

Von Amberg ging er auf die Universität Heidelberg, und legte dort den Grund zu jenem ausgebreiteten, gediegenen Wissen, das in seinen Vorträgen und Schriften so überraschend aus der schlichten anspruchslosen Form hervorleuchtet. Er machte auch von da aus eine Reise durch einen Theil von Deutschland, und ein noch vorhandener Brief, den er darüber an seine Eltern schrieb, zeugt von der inneren Reife und Klarheit, dem hohen Ernste, der feinen Beobachtungsgabe, und dem für alle großartige Naturschönheit erschlossenen dichterischen Sinne des neunzehnjährigen Jünglings. „Nicht Vergnügen war es, was ich suchte, schreibt er, sondern Kenntniß der Menschen und meiner selbst." Im Gegensatze zu einem prachtvollen fürstlichen Garten schreibt er über eine Gebirgsschlucht, in die er bey Coblenz allein wandernd sich verirrte: „Hier fühlte ich weit mehr Vergnügen: die Werke Gottes standen noch unberührt da, keines Menschen Hand hat sie noch verdorben, keine Spur von der Bosheit der Tage ist da – nur ein undeutlicher Fußpfad: keine Lüge gibt es hier und keine Eitelkeit." Wahrhaft erhabene Worte, die uns einen tiefen Blick in sein reiches Innere gewähren.

Nachdem er nun noch im hiesigen Seminar die nähere Vorbereitung empfangen, erhielt er im Jahre 1782 mit päbstlicher Dispensation die Priesterweihe, und brachte dann sein erstes heiliges Opfer am Dreykönigsfeste 1783 feyerlich dar, sich selbst dem Herrn und seinem Dienste opfernd in dem Golde seines lauteren Strebens, in dem Weihrauch seiner Andacht und der Myrrhe der Selbstverläugnung. Den so wohlbereiteten Grund seines reinen Geistes und Herzens mußte wohl die heilige Weihe zu dem reichsten Segen priesterlicher Wirksamkeit befruchten, und Alles, was wir später an ihm bewundert, es ist aus jenem gottgeweihten Grunde hervorgewachsen.

Beynah fünf Jahre hatte er bereits in der Seelsorge auf dem Lande mit jenem Eifer, den die Liebe gibt, gearbeitet, als er im Jahre 1788 in das hiesige Seminar als Subregens berufen ward, und hier nun jene segenreiche Thätigkeit begann, die er fast ein halbes Jahrhundert lang bis zu seinem Tode ununterbrochen fortgesetzt. Mehr als tausend Jünglinge hat er in diesem Zeitraum zu dem erhabenen Berufe des Priesterthums vorbereitet. Seine leitenden Ansichten und Grundsätze hat er in einer kleinen merkwürdigen Schrift: „Nachrichten vom geistlichen Seminarium in Regensburg, 1803" dargestellt, und bis an sein Ende treulich befolgt. Mehr aber als alle Lehrvorträge, Ermahnungen und Uebungen wirkte bey den Zöglingen des Mannes eigene Persönlichkeit, das ihm unverkennbar innenwohnende, aus allen Handlungen sich offenbarende, in ihm gleichsam verkörperte geistliche Princip: sein lebendiger, unerschütterlicher Glaube an Christus und an die Macht seines Reiches, sein Durchdrungenseyn von dem tiefen, geheimnißvollen Sinne aller kirchlichen Anstalten und Gebräuche, seine sich hingebende Liebe, seine heldenmüthige Selbstüberwindung und Abtödtung, seine Demuth, Innigkeit und Gebetsliebe. Wahrlich, im täglichen Umgange mit einem solchen Manne mußte jeder Funke geistlicher Empfänglichkeit, und wenn er noch so tief versteckt lag, in den Jünglingen geweckt werden. Als besonders segenreich werden von Allen die vertraulichen Unterredungen gepriesen, die er gewöhnlich Abends auf seinem Zimmer mit jedem Einzelnen zu halten pflegte, und die er so ganz dem Gemüthszustande und den Bedürfnissen eines jeden anzupassen wußte. Eine vorzügliche Herzensangelegenheit war es ihm, in den künftigen Seelsorgern die Liebe zu den Kindern und die Sorgfalt für den Unterricht derselben zu wecken. Seine Vorträge über Moral, Kasuistik, Liturgie und Schrifterklärung zeugten von seiner seltenen Belesenheit und Wissenschaft und seinem hellen Blicke, und merkwürdig bewies seine überraschende Originalität, in wie hohem Grade sich freyes, selbständiges Denken mit strengster Rechtgläubigkeit vereinigen lasse.

So führte er dieses beschwerliche Amt in gleichförmiger Anstrengung von Jahr zu Jahr fort; jedes Jahr brachte ihm neue Zöglinge, und die vorigen schieden von ihm, wenn er eben Freude an ihren Fortschritten zu erleben anfing. Daß unter so Vielen nicht Alle seinen Bemühungen, Wünschen und Erwartungen mögen entsprochen haben, liegt in der Natur der Dinge: aber gewiß ist unter Allen, denen er Lehrer und Führer gewesen, nicht Einer, der sich nicht mit Ehrfurcht des Mannes erinnerte, nicht den Wunsch hegte, ihm nur von ferne ähnlich zu seyn. Wenn aber im Allgemeinen der Regensburger Diözesanklerus, auch in den früheren Jahren kirchlicher Verwirrung, stets einen so ausgezeichneten Ruf sich bewahrt hat, so ist dies gewiß vor allem dem Wirken des Verewigten zuzuschreiben, und erst jenseits wird es offenbar werden, wie viele Seelen an den von ihm auslaufenden Lichtfäden zum Heile geführt worden sind. Viele seiner ehemaligen Zöglinge, jetzt würdige Seelsorger, gestehen es offen, daß sie ihm nächst Gott nicht nur ihre eigene Rettung aus Unglaube und Sünde, sondern auch alles das verdanken, was durch sie auf Andere mag gewirkt worden seyn; und so kann der Selige mit Recht in einem mehr als bildlichen Sinne der geistliche Vater dieses Bisthums genannt werden.

Nachdem er im Jahre 1803[87] erster Vorstand des Seminars geworden, wurde ihm 1804 von dem Fürsten Primas, nach Auflösung der Minoriten, die bisher von diesen versehene Dompfarre zur Vikarirung übertragen. Mit Freude übernahm der seeleneifrige Mann diese neue Bürde, und als sie ihm der Fürst, seine übergroße Anstrengung erkennend, später wieder abnehmen wollte, bat er dringend, sie ihm zu belassen, denn mit Gottes Beystand sey ihm die Last nicht zu schwer.

Welche segenvolle Thätigkeit er nun auch in diesem so beschwerlichen Wirkungskreise gezeigt, wie er im Beichtstuhle, auf der Kanzel, am Krankenbette, in den Spitälern, in den Schulen, in der Armenpflege, rastlos gearbeitet, das vermag ich nicht zu beschreiben, und ich kann mich darüber auf das Zeugniß dieser beiden Städte[88] berufen. Nur einige Züge, die seine wundersame Handlungsweise in diesen verschiedenen Amtszweigen anschaulich machen, will ich anführen.

Wie allen erleuchteten Menschenfreunden lag ihm vor allem das Wohl der Kinder am Herzen; er wußte, daß hier für das Reich Gottes am meisten zu wirken, dem Reiche des Bösen am kräftigsten zu wehren sey. Daher seine unermüdliche Sorgfalt für die Schulen, die er täglich, hier in der Stadt sowohl als in Stadtamhof, regelmäßig besuchte, und mehrere Jahre in allen Klassen selbst den Religionsunter-

---

87 Hier irrt Diepenbrock in der Jahreszahl. Die Akten weisen Wittmann als Regens mit Ernennungsdatum vom 9. September 1802 aus.

88 Gemeint sind die Städte Regensburg und Stadtamhof.

richt, wochentlich 37 Stunden, ertheilte. Armen, elternlosen Kindern war er Vater, speiste und kleidete sie; sein Nebenzimmer war eine Vorrathskammer von Kleidungsstücken für arme Kinder; in reiferem Alter brachte er sie bey christlichen Leuten in Dienste, oder bey rechtschaffenen Meistern in die Lehre, zahlte das Lehrgeld, und unterließ nicht, sich fleißig nach ihrem Betragen zu erkundigen. Die Schul- und Waisenkinder führte er selbst an gewissen Tagen zur Erheiterung ins Freye, und erquickte sie mit Erfrischungen. Niemals war er glücklicher, als im Kreise der Kinder; sein ganzes Wesen verklärte sich in Mitte der Unschuldigen, und der liebliche, trauliche Umgang mit ihnen war wohl die einzige Erholung und Freude, die der entsagende Mann auf Erden sich gestattete. Kein Wunder daher, daß auch die Kinder sich zu ihm hingezogen fühlten, daß sie ihm zuliefen, wo immer sie ihn erblickten.

Genau kannte er alle Familien seiner Pfarrey, vorzüglich die armen, kannte ihre Mittel und ihre Bedürfnisse, und wichtige Dienste leistete er hierdurch dem Armenpflegschaftsrathe. Standhaft widersetzte er sich, wenn minder Bedürftige auf Kosten wahrhaft Aermerer aus öffentlichen Mitteln unterstützt werden wollten, und gab dann lieber jenen von seinem Eigenen. Seine gewissenhafte Strenge hierin hat ihm manche öffentliche Beschimpfung von frechen Bettlern zugezogen; er ertrug es stillschweigend, als hörte er es nicht; ja, man hat ihn, begleitet von solchen laut scheltenden Lästerzungen, den weiten Weg über die Brücke und durch die Stadt friedlich und ohne ein Wort zu sagen bis zu seiner Wohnung gehen sehn. Hader und Zwietracht in den Familien, besonders wo die Erziehung der Kinder darunter litt, hat er nicht selten, wenn andere Mittel versagten, dadurch beschwichtigt und versöhnt, daß er plötzlich mitten unter die Entzweyten und ihre Kinder hintrat, sich auf die Kniee warf, und laut das Vater unser zu beten anfing. Den Pfründnern im Armenhause zu Stadtamhof, das er als Pfarrer damals verwaltete, theilte er, um ihren Neid zu unterdrücken, alle Mondtage mit eigenen Händen das Holz aus, und besuchte sie täglich, um sie zum Frieden und zu Eintracht zu ermahnen.

Vorzüglich aber in den Tagen allgemeiner Noth war es, wo seine Entschlossenheit, sein Muth, seine rücksichtslose Hingebung, seine Liebe und Hirtentreue sich zeigte, und er dann als ein rettender Engel aus besserer Welt mitten in der größten Gefahr erschien. So bey großer Wasserfluth, wo er mit Lebensgefahr auf einem Kahn zu den vom Wasser umspühlten Häusern am Steinweg fuhr, um den bedrängten Einwohnern Nahrungsmittel durch die Fenster zu reichen. So an dem denkwürdigen Tage der Erstürmung von Regensburg, den 23. April 1809, wo er allein, mitten im heftigsten Gefechte, in den von Kugeln durchsausten, von wilden Kriegern durchzogenen Straßen erschien, um mit Feuerspritzen den nach allen Seiten um sich greifenden Flammen zu wehren, und zu helfen, zu retten, was zu retten war, oder, wo dies nicht möglich, den Unglücklichen Trost, den Sterbenden seine priesterliche Hülfe zu bringen. Er selbst hat diese schrecklichen Scenen in einer kleinen, höchst merkwürdigen Schrift *) beschrieben, hat alle Verluste so treu als möglich aufgezählt, und nur seine eigenen verschwiegen; denn er rettete nichts, als seine Pfarrbücher – ein Schatz Millionen werth, wie er sagt – und sein Brevier: alle seine Habe, seine zahlreiche Bibliothek, seine kostbaren Handschriften gingen verloren. Seine ruhige priesterliche Erscheinung in Mitte dieser furchtbaren Gräuelszenen machte selbst auf die erhitzten Krieger einen

* Nachricht vom Brande des erzbischöflichen Seminariums in Regensburg, den 23. April 1809.

Dompfarrer Wittmann und sein Mesner Gschray um 1820 vor dem Portal der ehemaligen Dompfarrkirche St. Ulrich/Regensburg . (Bildarchiv)

solchen Eindruck, daß sie ihn unangefochten als einen Friedensengel mitten durch ihre gedrängten Schaaren hindurchschreiten ließen.

Ganz derselbe zeigte er sich auch, als im Jahre 1813 die rückziehenden französischen Truppen das Nervenfieber in die Stadt brachten. Zu Hunderten lagen die Kranken und Sterbenden, halb nackt und voll Unreinigkeit, in dem Spitale zu St. Mang aufgehäuft; die furchtbarste Ansteckung wüthete unter den Elenden; täglich wurden Schiffe voll Leichen auf den unteren Wörth gebracht, und dort eingegraben. Er allein besuchte das Spital und verwehrte seinen Hülfsgeistlichen den Eintritt: „sie sollten sich für die Pfarrey erhalten, um ihn sey es nicht Schade." Da lag er dann mitten unter den ekelhaften Kranken, sprach ihnen geistlichen Trost zu, reichte ihnen die heil. Sakramente, vernahm ihre letzten Seufzer, und ließ sie in seinen Armen verscheiden. Dann eilte er heim, und trug ihren Namen und Geburtsort sorgfältig in die Pfarrbücher ein, um auch dereinst ihren Familien Nachricht von ihnen geben zu können. Vorzüglich kam ihm seine Kenntniß der französischen Sprache hierbey zu statten, und er pries sich dessen glücklich. Viele Wochen trieb er es so, bis er endlich selbst von der Seuche ergriffen und dem Tode nahe gebracht wurde. Er glaubte und wünschte schon damals zu sterben; aber er wurde dem Gebete der Frommen wiedergeschenkt, seine Krone war noch nicht reich genug geflochten.

Als Prediger auf der Kanzel – wen von uns, der ihn gehört, hat er nicht jedesmal tief gerührt und erbaut? Schon seine bloße Erscheinung war eine Predigt der Gottseligkeit. Er sprach höchst einfach, nicht mit gesuchten schönen Worten, aber was er sagte, war Geist und Kraft, denn es war selbst-Erfahrenes, selbst-Erlebtes. Es war, wenn er den Mund öffnete, wie wenn er die Reihe seiner fortwährend mit göttlichen Dingen beschäftigten Gedanken auf der Kanzel nur laut fortsetzte. Wie ein treuer Hausvater brach er den Armen und Demüthigen das Brod des Lebens; wer danach hungerte, fand bey ihm volle Sättigung; wer aber Leckerbissen gekünstelter Rede suchte, sah sich getäuscht: denn auf Gottes Tafel gehörte ihm nur Brod und Wein. Und dennoch brach seine innere Begeisterung nicht selten unbewußt in wahrhaft dichterische und erhabene Worte und Bilder aus. Unvergeßlich bleibt mir aus seinen Vorträgen über die Leidensgeschichte eine Stelle über Christus, den dorngekrönten König, vor Pilatus, die seine Grundanschauung und seine Redeweise nicht minder als sein eigenes innerstes Wesen darstellt: „Christi Macht, sprach er, ist ein lauteres Dulden; sein Scepter ist ein Schilfrohr. Das Schilfrohr beugt sich und duldet. Der Sturm reißt Cedern ab, entwurzelt Bäume: das Schilfrohr beugt sich. Es kommen Wasserströme, reissen Häuser mit sich fort: das Schilfrohr beugt sich wie der Strom läuft, und steht dann wieder da. Es kommt brennende Sonnenhitze, versengt Laub und Gras: das Schilfrohr bleibt stehn und verdorrt nicht. Der Feind kommt, zertritt Felder und Fluren: das Schilfrohr steht im Schlamme und bleibt." – Er selbst, der stille Dulder, mit seiner unverwüstlichen Beharrlichkeit in allem Guten und Heiligen, war dieses Schilfrohr: der Tod hat es geknickt, nun grünt und blüht es ewig vor Gott.

So wirkte der eifrige Mann als Pfarrer, und wenn er den ganzen Tag rastlos für die Lebenden sich abgemüdet, so trieb ihn noch die Liebe in nächtlicher Stille und Dunkelheit hinaus auf den Gottesacker, um dort für die Todten zu beten; denn seine Hirtentreue reichte über das Grab hinaus, und selbst der Tod konnte seine Schäflein seinem Herzen nicht entreißen.

Im Jahre 1821 trat er bey dem neuerrichteten Domkapitel als Kanonikus ein, und nahm nun auch an den Arbeiten des bischöflichen geistlichen Rathes noch thätigern Antheil. Aber noch höhere Würden – für ihn schwerere Bürden – waren ihm beschieden. Der Hochwürdigste Bischof von Sailer erbat ihn sich im Jahre 1829 zum Weihbischof, und er nahm, nach demüthigem Widerstreben, endlich aus Gehorsam gegen einen höheren Willen, diese Würde, und bald darauf auch die des Domprobstes an. Da sah das Bisthum Regensburg zwey der ausgezeichnetsten Lichter der katholischen Kirche in Deutschland als Bischöfe auf seinem Leuchter. Sie hatten sich schon lange zuvor gekannt und als Freunde geliebt; denn wie sehr sie auch durch angeborne Eigenthümlichkeit, durch frühere Lebenswege und Schicksale, durch Beruf und Stellung verschieden waren, es war dennoch Ein Streben, Ein Ziel, Ein Glaube, Eine Liebe, die sie vereinigte, die sie einander innerlich nahe brachte, noch ehe sie äusserlich sich nahe geworden. Der Eine von jeher mehr auf den offenen Schauplatz der Welt hingestellt, in´s Weite zu wirken, der Andere durch seine Stellung auf einen engeren Kreis zu mehr intensiver Wirksamkeit angewiesen, arbeiteten sie Beyde für Gottes Reich, kämpften beyde gegen Unglauben, Weltsinn und Finsterniß; der Eine ein Johannes, der Jünger der Liebe, mit dem zahmen Vöglein im Schooße, der Andere ein Jakobus, der Gerechte, mit den Kameelschwielen an den Knieen vom unaufhörlichen Beten im Tempel *); denn

---

* Vom heil. Johannes wird erzählt, daß er im hohen Alter zuweilen ein zahmes Rebhuhn im Schooße getragen, und dasselbe sanft gestreichelt habe. Ein Jäger, der ihn einst so angetroffen, habe sich sehr darüber verwundert, daß er, der heilige Greis zu so kindischem Zeitvertreib sich herablasse. Der Apostel. „Was trägst du in der Hand?“ Der Jäger. „Einen Bogen.“ A. „Warum

das Christenthum vernichtet nicht die geistige Eigenthümlichkeit eines Menschen, so wenig als seine Gesichtszüge, sondern es verklärt und heiliget sie. Sailers Liebe und Verehrung für Wittmann hat sich am rührendsten gezeigt, als er in tödtlicher Krankheit sein Bisthum ihm empfahl, und dann sagte: „nun könne er ruhig sterben," und von Wittmann´s Liebe und Verehrung für Sailer zeugten die Thränen, in die er ausbrach, als er seinen Alumnen des Sterbenden Abschiedsgruß brachte, und die Worte, die er dort an seinem Grabe gesprochen hat.

Höchst schmerzlich fiel es unserm Verewigten, die mit seiner Stellung als Weihbischof nicht wohl mehr vereinbare Dompfarre aufgeben zu müssen, aber er brachte doch aus Gehorsam auch dieses Opfer. Dafür nahm er sich aber als Weihbischof und Generalvikar mit um so größerem Eifer der allgemeinen Diozesangeschäfte an, besuchte auf höchst beschwerlichen Visitations- und Firmungsreisen die abgelegensten Theile des Bisthums, begnügte sich dabey man-

---

hältst du ihn nicht immer gespannt?" J. „Damit er nicht seine Kraft und Strenge verliere." A. „So wundere dich denn nicht über die kleine Erholung, die ich meinem Geiste durch das kurze Spiel mit diesem sanften Thiere gestatte: denn auch der Geist bedarf der Abspannung, damit er nicht unter der stäten Anstrengung erliege." Die Geschichte erzählt Cassianus, ein Schüler des hl. Chrysostomus. Collation 24. c 20. Vom heil. Jakobus erzählt Hegesippus bey Hieronymus de Scriptor. eccl. c 2: „Die Kirche zu Jerusalem übernahm unter den Aposteln Jakobus, der Bruder des Herrn, zugenannt der Gerechte, denn Jakobus hießen viele. Dieser war geheiligt vom Mutterleibe an; trank keinen Wein und nichts Berauschendes, aß kein Fleisch, ließ sich niemals das Haar scheeren, gebrauchte nie Salben und Bäder; er pflegte unaufhörlich im Tempel auf seinen Knieen für das Volk zu beten, so zwar, daß seine Kniee hart wurden wie Kameelschwielen" u. s. w.

chen Tag mit einer Mahlzeit von Kartoffln, Brod und Wasser; und stattete dann, heimgekehrt, im bischöflichen Rathe den genauesten Bericht über alles ab, und machte Vorschläge, traf Maßregeln zur Verbesserung alles mangelhaft Befundenen. Als Vorstand des Ordinariates besorgte er mit gewissenhafter Pünktlichkeit alle Geschäfte, drang mit seltenem Scharfblicke und mit unermüdlicher Geduld in die einzelnsten Verhältniße und Verwicklungen derselben ein, achtete aufmerksam auf die Stimme jedes Berathenden, und hielt standhaft an dem durch die Mehrzahl Beschlossenen fest, auch dann, wenn es, was jedoch selten geschah, seiner eigenen Meinung entgegen war.
Wer war würdiger als Er, der apostolische Mann, den Hirtenstab des heil. Wolfgang, als er den Händen des sterbenden Bischofs Sailer entfiel, aufzuheben und fortzuführen? Se. M. der König erkannte dies, und ernannte ihn hier im Dome, auf Sailers Grab, zu dessen Nachfolger. Hochauf jubelten die Bisthums-Angehörigen, priesen Gott und segneten den König für diese Wahl, die sie besser als alles Andere für den erlittenen Verlust entschädigen konnte. Nur Einer war, der sich nicht freute, der ernst alle Glückwünsche zurückwies – der Ernannte selbst. Eine innere prophetische Stimme, ein Lichtblick, der ihm vielleicht im nächtlichen Gebete geworden, ließ ihn an eine andere Zukunft gedenken. Schon in seiner vorigjährigen Krankheit hatte er ausgesprochen, er werde, wenn er auch diesmal genese, nicht lange mehr leben. Jetzt sagte er mehreremale bestimmt voraus, er werde den bischöflichen Stuhl nicht besteigen. Und seine Voraussage, auf die man so gern nicht achten wollte, hat sich nun doch leider! bewährt. Durch ein zufälliges Versäumniß in dem vorgeschriebenen Verfahren wurde seine Präkonisation beim päbstlichen Stuhle verzögert. Am Freytag den 22. Februar besuchte er Morgens noch den geistlichen Rath und bestieg Nachmittags in der Seminarkirche die Kanzel, um die gewöhnliche

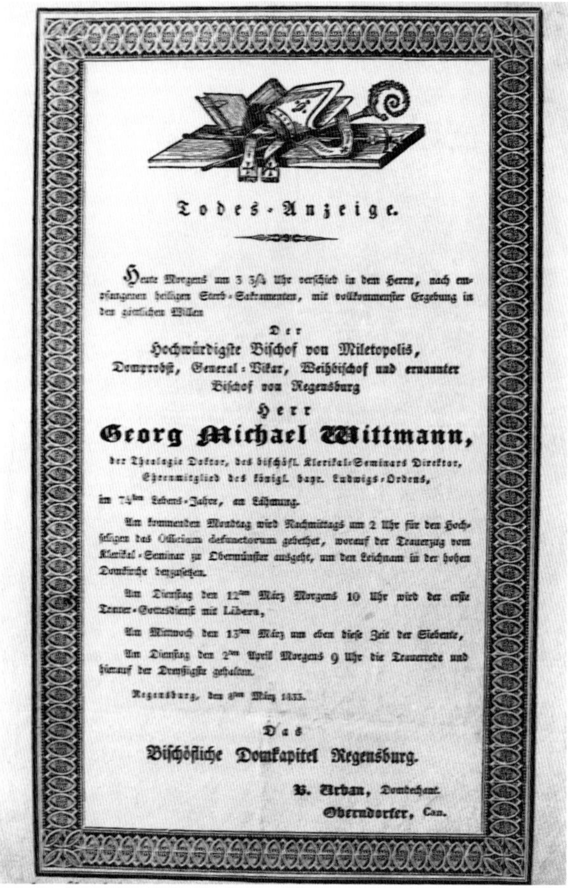

Todes-Anzeige.

Heute Morgens um 3 3/4 Uhr verschied in dem Herrn, nach empfangenen heiligen Sterb-Sakramenten, mit vollkommenster Ergebung in den göttlichen Willen

Der
Hochwürdigste Bischof von Miletopolis,
Dompropst, General-Vikar, Weihbischof und ernannter
Bischof von Regensburg
Herr
Georg Michael Wittmann,
der Theologie Doktor, des bischöfl. Klerikal-Seminars Direktor,
Ehrenmitglied des königl. bayr. Ludwigs-Ordens,

im 74ten Lebens-Jahre, an Lähmung.

Am kommenden Montag wird Nachmittags um 2 Uhr für den Hochseligen das Officium defunctorum gebethet, worauf der Trauerzug vom Klerikal-Seminar zu Obermünster ausgeht, um den Leichnam in der hohen Domkirche beyzusetzen.

Am Dienstag den 12ten März Morgens 10 Uhr wird der erste Trauer-Gottesdienst mit Libera,

Am Mittwoch den 13ten März um eben diese Zeit der Siebente,

Am Dienstag den 2ten April Morgens 9 Uhr die Trauerrede und hierauf der Dreyßigste gehalten.

Regensburg, den 8ten März 1833.

Das
Bischöfliche Domkapitel Regensburg.

B. Urban, Domdechant.
Oberndorfer, Can.

Todesanzeige für Bischof Wittmann. *(Foto: Starzinger)*

Fastenpredigt zu halten. Man bemerkte ängstlich seinen schweren, peinlichen Gang, und die ungewöhnliche Anstrengung seines Vortrags. Er predigte vom Stolze, und erklärte, wie er eigentlich darin bestehe, daß wir Menschen, wir elenden Sünder, keine armen Sünder seyn wollten. Wie eine Stimme aus der Geisterwelt tönte sein durchdringendes Wort. Am andern Morgen um 5 Uhr stand er schon wieder am Altare, aber die bisher unterdrückten Schmerzen wurden so heftig, daß er ihn nach kaum vollendetem heiligem Opfer schleunig verlassen mußte. Eine höchst qualvolle Krankheit hatte sich ausgebildet. Mit der Geduld eines Märtyrers erlitt er, auf sein ärmliches Lager hingestreckt, die grausamen Schmerzen. Zwar gelang es den sorgfältigen Bemühungen der treuen Aerzte, ihm einige Linderung zu verschaffen; er selbst glaubte vielleicht einen Augenblick an sein Aufkommen, und dachte auch sogleich schon wieder an die Erfüllung seiner Amtspflichten. Aber Rettung war nicht mehr möglich, und freudiger wendete er sein Angesicht vom Leben weg und dem Tode zu. Allgemein war die Trauer; in Kirchen und Schulen wurde öffentlich für ihn gebetet. Er selbst war in stätem innerem Gebete; oft fragte er um die Tagesstunde, und äusserte auf die jedesmalige Antwort: „In dieser Stunde hat Jesus dieses – jenes gelitten." Täglich empfing er die heilige Kommunion mit der Inbrunst eines Seraphs. Rührenden Abschied nahm er von Allen, die ihn besuchten, erkannte darunter selbst Solche, die er nur einigemale gesehen, und sagte jedem ein dankbares, liebreiches, trostvolles Wort. Seinen Alumnen und Hausgenossen gab er feyerlich seinen Abschiedssegen, und sagte dann: „Ich beschließe jetzt mein armseliges Leben, Gott nimmt mich zu sich; ich hoffe auf seine Barmherzigkeit." Die Nähe des Todes fühlend, verlangte er, daß man ihn auf die Erde bette, ließ ein Kruzifix vor sich hinstellen, und sagte: „Ich bin ein Christ, ich will unter dem Kreuze sterben." So lag er den letzten Tag und

die Nacht in stiller Erwartung seiner Erlösung, und als am Feste des heil. Johannes von Gott der Morgen anbrach, der ihn so oft im Gebete gefunden, fand er diesmal an der Erde nur mehr die Leiche des Betenden, der Geist stand schon in der Ewigkeit anbetend vor Gottes Thron.
So lebte und wirkte, so litt und starb der große Mann, würdig der schönsten Tage des Christenthums, und darum eine um so köstlichere Gabe Gottes in dieser entarteten Zeit. Erkennen wir es daher mit gebührendem Danke an, daß er uns, die wir seiner nicht werth waren, geschenkt ward, daß er uns so lange erhalten worden ist.
An uns ist es nun, für den Verlust seiner leiblichen Gegenwart uns dadurch zu entschädigen, daß wir uns seine geistige Hinterlassenschaft, das reiche Erbe seiner Tugenden, so sehr als möglich aneignen. Keiner von uns, wie verschieden auch unsere Stellung im Leben seyn mag, darf dabey leer ausgehn, denn hier ist Vorrath für Alle.

Uns Alle mahnt seine entschiedene Weltverachtung: denn wir Alle stehen mitten in der Welt und ihren Lockungen; uns Alle mahnt seine gründliche Selbstverläugnung: denn wir Alle tragen die selbstsüchtigen Begierden im Busen; mahnt seine Geduld, seine Kreuzesliebe: denn Leiden und Prüfungen sind uns Allen beschieden; sein bußfertiges Leben: denn von Sünden sind wir Alle befleckt; seine tiefe Demuth: denn wir Alle vergessen es so oft, daß wir arme Sünder sind; seine Gebetsliebe: denn wir alle bedürfen des göttlichen Beystands in vielfacher Not; seine Berufstreue: denn wir Alle haben mannigfaltige Pflichten unter schwerer Verantwortlichkeit zu erfüllen; sein bis in den Tod unerschütterlicher Glaube an Christus und Seine göttlich rettende Macht: denn auch uns steht der unvermeidliche Tod mit seinen Schrecken bevor; uns mahnt besonders seine treue Liebe und Sorgfalt für die Armen und Waisen, die nun, vom ihm verlassen, auf unsre Liebe und Sorgfalt angewiesen sind; uns Alle mahnt endlich die Stimme, die uns aus seinem Grabe tönt: „Selig sind die Todten, die in dem Herrn sterben: sie ruhen von ihren Mühen, und ihre Werke folgen ihnen nach!“

Und nun, ihr zwey ehrwürdigen Bischöfe! die Ihr im Tode zu beyden Seiten im Schatten des Altares ruhet, den Ihr im Leben so treu gehütet und vertheidigt habet: vergesset Eure Kirche, Eure Heerde nicht! flehet für sie am Throne Gottes! Wendet ab durch Eure Fürbitte alle Gefahr von dieser Stadt, von dem Bisthum, von dem ganzen Vaterlande. Euer Andenken predige fort in den Herzen: ich schweige.

Das Priestertum als besonderer Weg zur Heiligkeit

Die Neu-Evangelisierung braucht neue Verkünder, und das sind die Priester, die sich verpflichten, ihr Priestertum als besonderen Weg zur Heiligkeit zu leben. Die Werke Gottes vollbringen die Menschen Gottes! Wie Christus muss sich der Priester der Welt als Modell übernatürlichen Lebens darstellen: „Ich habe euch ein Beispiel gegeben, damit auch ihr tut, was ich an euch getan habe“ (Joh 13,15).

(Kongregation für den Klerus: Directorium für Dienst und Leben der Priester, Schlusswort)

Melchior von Diepenbrock als Kardinal von Breslau (1789 – 1853). *(Bildarchiv)*

Zur Person Melchior v. Diepenbrocks:

Der spätere Kardinal und Fürstbischof von Breslau, Melchior von Diepenbrock, wurde am 9. Januar 1789 in Bocholt/Westf. geboren. Unter dem Einfluss und der geistlichen Führung des Regensburger Bischofs Michael Sailer löste er sich von seiner oberflächlichen Lebensauffassung und begann mit Eifer das Studium der Theologie. 1823 zum Priester geweiht, wurde er Sailers Sekretär, 1830 Domkapitular in Regensburg, 1835 Domdekan und 1842 im Amt des Generalvikars einer der Nachfolger von Georg M. Wittmann. 1845 erlangte Diepenbrock als Fürstbischof das Bistum Breslau und ordnete unter schwierigen Bedingungen das kirchliche Leben der ihm anvertrauten Diözese. Sein Bemühen galt in besonderer Weise der Heranbildung eines guten Klerus, ein Anliegen, das sicherlich aus den Erfahrungen seiner Regensburger Zeit herrührt, insbesondere im Gedenken an Bischof Wittmann. Diepenbrock erwies sich aber auch als Stütze der politischen Ordnung im Revolutionsjahr 1848. Wenige Jahre danach, im Jahre 1850, wurde er zum Kardinal erhoben. Er starb am 20. Januar 1853 auf Schloss Johannesberg.

Lebensdaten
Bischof Georg Michael Wittmann
(1760-1833)

22.01.1760	Geburt in Finkenhammer bei Pleystein.
Okt. 1769	Studien am Gymnasium in Amberg.
07.05.1778	Beginn der Studien in Heidelberg; hier Erwerb des Doktorats.
21.12.1772	Priesterweihe in Regensburg; anschließend Hilfspriester auf dem Land.
06.01.1783	Feier des ersten heiligen Messopfers in Pleystein.
1783 – 1788	Hilfspriester in Kemnath b. Fuhrn, Kaltenbrunn und Miesbrunn.
10.10.1788	Subregens des Regensburger Priesterseminars.
09.09.1802	Regens. Dieses Amt bekleidet Wittmann zusätzlich zu seinen übrigen Aufgaben bis zu seinem Tod.
20.05.1804	Dompfarrer der damals 8000 Seelen zählenden Dompfarrei.
1808	Erstauflage des von Wittmann ins Deutsche übersetzte Neue Testament. Jahrzehntelang erfreut sich dieses Werk großer Beliebtheit bei Klerus und Volk. Ab 1851 erschien es in revidierter Auflage und mit Anmerkungen versehen. Die letzte Auflage erfolgte im Jahr 1878.

23.04.1809	Erstürmung der Stadt Regensburg durch Napoleon. Wittmann sucht unter Einsatz seines Lebens aus den Trümmern Freund und Feind zu retten.
1813	Typhusjahr in Regensburg. Wittmann infiziert sich im seelsorgerlichen Einsatz und erkrankt zu Tode.
1816/17	Wittmann leitet die Lebensmittelverteilung im herrschenden Hungerjahr.
12.10.1821	Domkapitular.
01.05.1829	Weihbischof.
30.06.1829	Generalvisitator für das Bistum Regensburg im Auftrag von Bischof Johann Nepomuk von Wolf (1821–1829).
25.09.1829	Dompropst.
10.02.1830	Generalvikar.
01.07.1832	Ernennung zum Bischof von Regensburg durch König Ludwig I. von Bayern (die päpstliche Bestätigung erfolgte nicht mehr vor seinem Tode).
18.02.1833	Offizielle Korrespondenz hinsichtlich der Gründung der Kongregation der „Armen Schulschwestern“ in Neunburg v. W.
08.03.1833	Gestorben im Ruf der Heiligkeit.
11.03.1833	Beisetzung im Nordschiff des Regensburger Doms.
07.03.1955	Einleitung des Seligsprechungsprozesses.

Von der wahren Verehrung der Heiligen

Wenn unsere Verehrung der frommen, heiligen Freunde Gottes (das) ist, was sie sein soll, so muss sie uns weiser, besser, seliger machen. Die Verehrung der Heiligen ist keine wahre, geordnete Verehrung, wenn wir dadurch nicht vollkommener werden – in der Anbetung Gottes, in der Liebe des Nächsten, in Geduld, Demut, Mäßigkeit. Wenn uns also durch Verehrung der Heiligen Gott, Christus, die Heiligkeit des Sinnes und Wandels und das ewige Leben der Heiligen immer lieber, teurer werden, so ist sie eine wahre, geordnete Verehrung.
Damit nun unsere Verehrung der Heiligen von allem, was einer falschen oder unnützen Andacht oder Andächtelei ähnlich ist, entfernt bleibe, wollen wir uns genau an die Kennzeichen der wahren Verehrung der Heiligen halten. Sie sind folgende:

1. Wo eine wahre, gründliche, vollkommene Verehrung der Heiligen ist, da ist inniges Wohlgefallen an der Güte, Barmherzigkeit, Weisheit und Allmacht – an der Heiligkeit Gottes.

2. Wo eine wahre Verehrung der Heiligen ist, da ist dankbares Lobpreisen der Güte und Weisheit Gottes.

3. Wo eine wahre Verehrung der Heiligen ist, da nimmt der Glaube an Jesus Christus und das Vertrauen auf seine Güte immer zu.

4. Wo eine wahre Verehrung der Heiligen ist, da ist ein lebendiges Verlangen nach der wahren, ewigen Seligkeit, die den Reinen aufbehalten ist.

5. Wo eine wahre Verehrung der Heiligen ist, da ist ein ernstes Bestreben, den schönen Tugendspielen der Heiligen nachzuleben.

6. Endlich können und dürfen wir die Heiligen als Freunde Gottes auch anrufen, dass sie mit uns und für uns um die Gnade der Nachahmung und um alles Gute bei Gott bitten.

(Bischof Johann Michael v. Sailer, † 1832)

> *„Herzhaft müssen wir uns zu Christus bekennen und an ihm wie die Rebe am Weinstock bleiben, um von ihm belebt zu werden. Ohne ihn können wir nichts tun, wie auch die Rebe nicht Frucht bringen kann ohne am Weinstock zu bleiben: Also innigste Vereinigung mit Christus! Und obwohl die Traube, die hervorkommt, ein Werk des Weinstockes ist, muss doch die Rebe dazu mitwirken, am Stocke bleiben und den Saft aus demselben an sich ziehen."*[89] (Bischof Wittmann)

89 Zu dieser Betrachtung über unsere Beziehung zum wahren Weinstock Christus ist folgende Tatsache zu ergänzen: Wittmann führte in seinem persönlichen Siegel wohl aus obigen Überlegungen heraus als Symbol eine Rebe am Weinstock. Sie blieb es bis zu seiner Ernennung als Weihbischof. Als solcher wählte er sich das Zeichen des Kreuzes.

Literatur- und Quellenverzeichnis:

Der Priester, Lehrer des Wortes, Diener der Sakramente und Leiter der Gemeinde für das dritte christliche Jahrtausend (19. März 1999), in: Verlautbarungen des Apostolischen Stuhls 139, Bonn 1999.

Die Bibel. Altes und Neues Testament. Einheitsübersetzung, Freiburg i. Br. 1980.

Directorium für Dienst und Leben der Priester (31. Januar 1994), in: Verlautbarungen des Apostolischen Stuhls 113, Bonn 1994.

Gotteslob. Katholisches Gebet- und Gesangbuch, Regensburg 1975.

Hausberger, Karl: Geschichte des Bistums Regensburg, Band II. Vom Barock bis zur Gegenwart, Regensburg 1989.

Johannes Paul II.: Geschenk und Geheimnis. Zum 50. Jahr meiner Priesterweihe, Graz/Wien/Köln 1997.

Lehner, Johann B.: Michael Wittmann. Bischof von Regensburg, Kevelaer 1937.

Lehner, Johann B.: Wer war Wittmann? Ein Lebensbild des im Ruf der Heiligkeit verstorbenen Bischofs von Regensburg, 2. Aufl., Regensburg 2000.

Lexikon für Theologie und Kirche (LThK), 3. Aufl., Freiburg i. Br. 1993.

Mittermüller, Rupert: Leben und Wirken des frommen Bischofes von Regensburg, Landshut 1859.

Pastores dabo vobis. Nachsynodales Apostolisches Schreiben von Papst Johannes Paul II. (1992).

Rahner, Karl/Vorgrimler, Herbert: Kleines Konzilskompendium. Sämtliche Texte des Zweiten Vatikanums, 18. Aufl., Freiburg i. Br. 1985.

Ritter, Emmeram H.: Weihbischof G. M. Wittmann als Generalvisitator für das Bistum Regensburg, Regensburg 1992.

Ritter, Emmeram H.: Weihbischof G. M. Wittmann. Der Diener Gottes im Dienste der Heiligen Schrift und des Bibelapostolats, Regensburg 2000.

Sailer, Johann Michael: Gebete für Christen. Gebete und Meditationen. Auswahl und Einführung von Willibald Kammermeier, Geleitwort von Bischof Dr. Rudolf Graber, St. Augustin 1981.

Schwager, Georg Franz X.: Die Heiligen und ihre Fürsprache bei Gott, Regensburg 1997.

Sintzel, Michael (Hrsg.): Des gottseligen Bischofes G. Michael Wittmann Exercitien für Priester und Priesteramtskandidaten, Straubing 1845.

Wittmann, Michael: Bischof von Regensburg: Predigten über die vier letzten Dinge des Menschen, über die Unvollständigkeit unserer Buße, und über die Standespflichten der Christen. Nebst zwei Charfreitagspredigten, hrsg. von einem katholischen Geistlichen, Regensburg 1849.

Wittmann, Michael: Katholische Prinzipien von der heiligen Schrift. Aus dem Lateinischen übersetzt von dem Herausgeber der Werke des heiligen Kirchenvaters Johannes Klimakus, Landshut 1834.

Neuere Literatur über den Diener Gottes Bischof Georg Michael Wittmann

___ Expl. **Andachtsbildchen** mit dem Porträt Bischof Wittmanns, 6 Seiten, Bild und 5 Seiten Text in Deutsch (gegen freiwillige Spende).

___ Expl. **Farb-Postkarten** mit dem Porträt Bischof Georg Michael Wittmanns, € 0,25.

___ Expl. J. B. Lehner, **Wer war Wittmann?** Ein Lebensbild des im Ruf der Heiligkeit verstorbenen Bischofs von Regensburg. Regensburg 2000, 40 Seiten, 18 Abbildungen, glanzkaschierter, vierfarbiger Umschlag, € 1,50.

___ Expl. E. H. Ritter, **Weihbischof G. M. Wittmann als Generalvisitator für das Bistum Regensburg.** Regensburg 1992, 256 Seiten, 8 Abbildungen, 6 Karten mit den Visitationsrouten, glanzkaschierter vierfarbiger fester Umschlag, € 14,50.

___ Expl. E. H. Ritter, **Weihbischof G. M. Wittmann. Der Diener Gottes im Dienste der Heiligen Schrift und des Bibelapostolats.** Regensburg 2000, 150 Seiten, glanzkaschierter vierfarbiger fester Umschlag, € 12,50.

___ Expl. Gg. F. X. Schwager, **Bischof Wittmann – Helfer der Bedrängten.** Kurzbiographie • Novene/Gebete • Gedanken. Regensburg 2001, 144 Seiten, 38 Abbildungen, € 5,50.

Bestelladresse:
Abteilung für Selig- u. Heiligsprechungsprozesse,
Schwarze-Bären-Str. 2,
D-93047 Regensburg
(FAX 0941/57003)

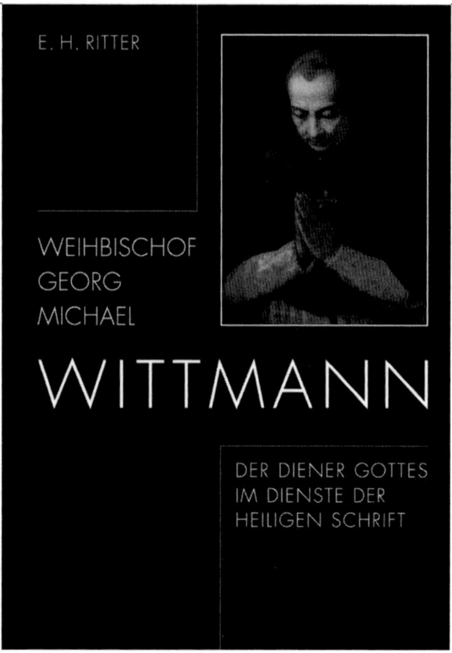

Für alle Verehrer des heiligmäßigen
Weihbischofs Georg Michael Wittmann

1. Auflage. Regensburg 2000. 150 Seiten, 15,5 x 22 cm geb.,
glanzkaschierter Einband, € 12,50.

Bestelladresse:
Abteilung für Seligsprechungsprozesse
Schwarze-Bären-Straße 2, D-93047 Regensburg,
FAX 09 41 / 5 70 03.

Georg Franz X. Schwager

Die Heiligen und ihre Fürsprache bei Gott

1. Aufl. Regensburg 1997 (1 bis 1.000). 224 Seiten, glanzkaschierter Umschlag. € 12,50 (DM 24,50)

Georg Schwager greift in seinem Buch ein Thema auf, das zwar zunächst innerkatholisch dargestellt wird, das aber darüber hinaus im Hinblick auf die Ökumene gerade heute eine außerordentliche Aktualität besitzt. Durch reiches Material zu den kontroversen Themen, die lange Zeit zwischen römisch-katholischer und evangelisch-lutherischer Theologie und Praxis standen und, wenn auch in abgemilderter Form, noch stehen, weist er eindeutig nach, dass die Anrufung der Heiligen und ihre Fürsprache bei Gott in der katholischen Lehre fest verankert sind. Unter Verarbeitung aller wichtigen Literatur untersucht das Werk die Entwicklungsgeschichte der Heiligenverehrung und den Begriff „heilig", um dann eine biblische Analyse des Fürbittgebetes zu geben.

Diesem eher grundsätzlichen Kapitel schließt sich ein dogmengeschichtlicher Überblick über die zur Sprache kommenden Probleme an. Am ausführlichsten werden dann in einem dritten Abschnitt die dogmatischen Handbücher und Monographien zur Heiligenanrufung und Fürbitte befragt.

Bei dem vorliegenden Werk handelt es sich um die Diplomarbeit Schwagers, die er 1987 bei der Katholisch-Theologischen Fakultät der Universität Regensburg eingereicht hat. Sie wurde belobigt und mit einem Förderpreis ausgezeichnet.

Dem hervorragend fundierten Buch ist weite Verbreitung zu wünschen!

Verlag der Abteilung für Selig- und Heiligsprechungsprozesse Bistum Regensburg

D-93047 Regensburg, Schwarze-Bären-Straße 2